Schriften des Landeskirchlichen Archivs
der Evangelischen Kirche von Westfalen
Band 15

Matthias Haudel

Ökumene mit Zukunft

Gemeinsamer Dialog aller Konfessionen:

Der Weg der Arbeitsgemeinschaft Christlicher Kirchen in Nordrhein-Westfalen im Licht der Weltökumene (1945–2011)

Anhang: Der dreieinige Gott als Lebenshorizont

Luther-Verlag
Bielefeld 2011

Bibliografische Information der Deutschen Nationalbibliothek

Die Deutsche Nationalbibliothek verzeichnet diese Publikation
in der Deutschen Nationalbibliografie;
detaillierte bibliografische Daten sind im Internet
über http://dnb.d-nb.de abrufbar.
ISBN 978-3-7858-0601-2

Diese Publikation wurde finanziell unterstützt durch die ACK-NRW.

Umwelthinweis:
Dieses Buch wurde auf chlorfrei gebleichtem Papier gedruckt.
© Luther-Verlag, Bielefeld 2011

Bildnachweis: Alle Quellenangaben finden sich direkt bei den Bildern.
Bilder ohne Quellenangabe sind bei der ACK-NRW nachzufragen.
Titelbild: Kulturhauptstadt-Kreuz, Kulturhauptstadt Europas 2010: Essen/Ruhrgebiet
Umschlag und Gesamtgestaltung: Luther-Verlag, Bielefeld
Druck und Bindung: Beltz Bad Langensalza GmbH, Bad Langensalza
Printed in Germany

Inhalt

I. Die Notwendigkeit einer ökumenischen Standortbestimmung

In einer Zeit, in welcher der ökumenische Aufbruch bereits viel Trennendes zwischen den Konfessionen überwinden konnte, in der aber verbleibende Unterschiede wie das Amtsverständnis in ihrer trennenden Bedeutung deutlicher hervortreten, lohnt es sich, auf die Verheißung der Ökumene und ihre Möglichkeiten zu schauen. Denn es herrscht große Unsicherheit über die ökumenischen Ziele und Methoden und damit über die *Zukunft der Ökumene*: Während die einen an der „Konsensökumene" festhalten, die durch theologische Dialoge nach sichtbarer Einheit sucht, sprechen andere von „Ökumene in Gegensätzen", die keiner solchen Einheit der Kirchen bedarf. Wieder andere fordern den Wechsel vom Ziel der innerkirchlichen Einheitssuche zum Ziel der gemeinsamen kirchlichen Weltverantwortung.[1] Vor diesem Hintergrund ist an die *Verheißung und Anforderung* aus einem der letzten Gebete Jesu zu erinnern, der seinen himmlischen Vater im Blick auf die Christen bittet, dass „sie alle eins seien": „Wie du, Vater, in mir bist und ich in dir, so sollen auch sie in uns sein, da-mit die Welt glaube, dass du mich gesandt hast" (Joh 17,21). Dieses Gebet lässt erkennen, dass die Gemeinschaft der Glaubenden nur glaubwürdig bleibt, wenn sie die *Einheit* in ihrer Vielfalt nicht aufgibt. Denn die Christen können der Welt die Gemeinschaft der Liebe Gottes nur dann glaubwürdig verkündigen, wenn sie diese Gemeinschaft auch untereinander verwirklichen. Erst damit entsprechen sie dem Wesen des dreieinigen Gottes, der als vielfältige Gemeinschaft der Liebe zwischen Vater, Sohn und Heiligem Geist dennoch eine Einheit bleibt: „Gott ist die Liebe" (I Joh 4,16).

So hat die ökumenische Zusammenarbeit der Christen die Verheißung, der Liebe Gottes zu entsprechen und damit der Welt zu dienen. Deshalb steht auch die Zusammenarbeit der achtundzwanzig christlichen Kirchen evangelischer, römisch-katholischer, orthodoxer, anglikanischer, altkatholischer oder freikirchlicher Prägung in der „Arbeitsgemeinschaft Christlicher Kirchen in Nordrhein-Westfalen" (ACK-NRW)[2] unter dieser Verheißung. Durch die multikonfessionelle bzw. multilaterale Zusammenarbeit so vieler unterschiedlicher Konfessionen in der ACK-NRW gestaltet sich der ökumenische Dialog zwar noch schwieriger als beim

---

1 Zu den unterschiedlichen Einheitsvorstellungen vgl. H. Meyer: Ökumenische Zielvorstellungen (= Ökumenische Studienhefte 4: Bensheimer Hefte 78), Göttingen 1996.

2 Die Mitgliedskirchen der ACK-NRW und weitere sechs Kirchen und Gemeinschaften mit Gaststatus sind unten auf Seite 79 aufgeführt.

Ökumenische Mitteilungen

Nr. 32 · Juli 1973

Informationsdienst der Arbeitsgemeinschaft christlicher Kirchen in Nordrhein-Westfalen

Zusammentreffen von Weltökumene und lokaler Ökumene in Bethel: Der frühere Generalsekretär des Ökumenischen Rates der Kirchen, Dr. Willem A. Visser `t Hooft (links), zusammen mit Pastor Alex Funke, Bethel.
(Ökumenische Mitteilungen. Informationsdienst der Arbeitsgemeinschaft christlicher Kirchen in Nordrhein-Westfalen, Nr. 32, Juli 1973.)

bilateralen Gespräch zwischen zwei Kirchen, aber dafür ist er im Blick auf die Gemeinschaft *aller* Christen verheißungsvoller. Der *gemeinsame Dialog aller Konfessionen* erweist sich besonders in einer Zeit als bedeutsam, in der viele bilaterale Dialoge zwischen zwei Konfessionsfamilien auf der Stelle treten. Denn die Vielfalt der Aspekte, die sich aus der Sicht aller Konfessionsfamilien ergibt, kann hier oft als Brücke über festgefahrene Wege dienen. Dabei ist besonders das *Zusammenspiel von Orts- und Weltökumene* von Bedeutung.

Deshalb erscheint es als sinnvoll, zu Beginn des 21. Jahrhunderts zu ergründen, welchen Anteil der von der ACK-NRW verkörperte ökumenische Weg in der zweiten Hälfte des 20. Jahrhunderts an dem ökumenischen Aufbruch hatte, der das 20. Jahrhundert zum „Jahrhundert der Ökumene"[3] werden ließ – und welchen Beitrag die ACK-NRW mit dieser Form von Ökumene zur Überwindung der noch ausstehenden Probleme zu leisten vermag.

3 Aufgrund der vielfältigen ökumenischen Fortschritte, die das 20. Jahrhundert im Unterschied zu den vielen Jahrhunderten zuvor hervorbrachte, gilt dieses Jahrhundert aus Sicht der Kirchen mit Recht als „Jahrhundert der Ökumene".

II. Ökumenische „Bewegung"
von der Orts- bis zur Weltebene

1. Globale und lokale ökumenische Entwicklungen

Bereits Anfang des 20. Jahrhunderts waren die drei großen Strömungen entstanden, aus denen sich 1948 in Amsterdam der *Ökumenische Rat der Kirchen (ÖRK)* bildete: die Bewegung für Weltmission, die Bewegung für Glauben und Kirchenverfassung und die Bewegung für Praktisches Christentum.[4] Dass sich schon damals viele evangelische, orthodoxe und anglikanische Kirchen mit ihrem gemeinsamen Zeugnis, ihrem Glaubens- und Kirchenverständnis sowie ihrem gemeinsamen Dienst an der Welt befassten, wurde durch eine in allen Konfessionen zu beobachtende Besinnung auf die Bibel ausgelöst. Der Blick auf ihre gemeinsame Grundlage stellte den Kirchen erneut ihre Gemeinschaft vor Augen.[5]

Dieser ökumenische Aufbruch vollzog sich jedoch nicht nur auf globaler Ebene, sondern auch vor Ort in Nordrhein-Westfalen, wo man die weltweiten Entwicklungen mit Interesse verfolgte und als Ermutigung für eigene ökumenische Anstrengungen betrachtete. Das belegt zum Beispiel 1961 ein vollbesetzter ökumenischer Gottesdienst in der Dortmunder Reinoldi-Kirche am Vorabend der Dritten ÖRK-Vollversammlung in Neu-Delhi. Zudem beschäftigten sich lokale ökumenische Studienkreise mit den Fortschritten, die auf der Ebene des ÖRK erzielt wurden. Weil die römisch-katholische Kirche nicht offizielles Mitglied des ÖRK ist[6], war für die ökumenische Öffnung der römisch-katholischen Gemeinden und Bistümer in Nordrhein-Westfalen besonders das *Zweite Vatikanische Konzil (1962–1965)* von Bedeutung. Die mit dem Konzil erreichte ökumenische Öffnung der katholischen Kirche wurde hoffnungsfroh von den Gemeinden aufgegriffen und schlug sich in der wachsenden Dialogbereitschaft der Bistümer

4   Vgl. zur Entstehung des ÖRK W. A. Visser `t Hooft: Ursprung und Entstehung des Ökumenischen Rates der Kirchen (= Beiheft zur Ökumenischen Rundschau 44), Frankfurt (M.) 1983.

5   Zur weltweiten Besinnung auf die Bibel, die im 19. und 20. Jahrhundert zum Ursprung der ökumenischen Bewegung wurde, vgl. M. Haudel: Die Bibel und die Einheit der Kirchen. Eine Untersuchung der Studien von „Glauben und Kirchenverfassung" (= Kirche und Konfession 34), Göttingen ²1995. Hier wird gezeigt, wie sich diese biblische Besinnung vollzog und wie sie die drei großen ökumenischen Strömungen maßgeblich beeinflusste. Außerdem wird nachgewiesen, dass alle bedeutenden kirchlichen Traditionen längst zusammen einen ökume-

nischen Durchbruch in der Verhältnisbestimmung von Schrift, Tradition und Kirche erzielt haben und deshalb der Rückgriff auf die gemeinsamen Grundlagen möglich ist. Vgl. dazu auch M. Haudel: Schrift, Tradition und Kirche. Ein unnötiger Stolperstein der Ökumene, in: Catholica (M) 50 (1996), S. 23–33.

6   Seit 1968 ist die römisch-katholische Kirche aber offizielles Mitglied von „Glauben und Kirchenverfassung", dem speziell konfessions-theologischen Zweig des ÖRK.

Griechisch-orthodoxer Ostergottesdienst
in Dortmund 1971
(Mitte: Präses D. Hans Thimme, EKvW).

Präses D. Ernst Wilm (EKvW) und
Erzbischof Lorenz Kardinal Jaeger
(Erzbistum Paderborn), 1966.

von Nordrhein-Westfalen nieder. Welche Bedeutung die Weltökumene für die Entstehung der ACK-NRW hatte, zeigt sich beispielsweise an dem damaligen Vizepräsidenten der Evangelischen Kirche von Westfalen (EKvW), D. Hans Thimme: Er bemühte sich um die Mitgliedschaft der baptistischen Kirchen, weil entsprechende Dialoge bereits auf Weltebene stattfanden. Seine ökumenische Sichtweise brachte Thimme später als Präses bei der Eröffnung der westfälischen Landessynode von 1969 zum Ausdruck: „Die Kirche Gottes ist größer und weiter als unsere Konfessionen."[7]

Neben dieser Entwicklung führten die im *Zweiten Weltkrieg* und in der *Nachkriegszeit* gemachten Erfahrungen von Not, Bedrängnis und gegenseitiger Hilfe zu einer engeren Zusammenarbeit der Christen aus den unterschiedlichen Konfessionen. Auch in Nordrhein-Westfalen war man von Erfahrungen tiefer existenzieller Gemeinschaft während des Krieges geprägt, wie etwa von ersten gemeinsamen Beerdigungen der Bombenopfer in Dortmund durch evangelische und katholische Pfarrer. Zudem sind die evangelischen und katholischen Pastoren zu nennen, die in Konzentrationslagern versuchten, auf der gemeinsamen Grundlage der Bibel den anderen Gefangenen Beistand zu leisten. So wird verständlich, dass gerade der Paderborner Erzbischof Lorenz Kardinal Jaeger, der als Priester

unter den Nationalsozialisten zu leiden hatte, die Ökumene in Westfalen beförderte. Das gilt gleichermaßen für D. Ernst Wilm, der im Konzentrationslager Dachau inhaftiert gewesen war. Als Präses der Evangelischen Kirche von Westfalen versandte er 20 Jahre später die erste Einladung an die anderen Kirchen in der Region zum Aufbau einer ökumenischen Arbeitsgemeinschaft. Damit legte er auch den Grundstein für die Entstehung der ACK von ganz Nordrhein-Westfalen.[8]

Vor dem Hintergrund solcher Erfahrungen entstanden im westfälischen und rheinländischen Raum in Soest und Krefeld unmittelbar nach dem Zweiten Weltkrieg *lokale ökumenische Arbeitskreise*, in denen verschiedene Konfessionen zusammenarbeiteten. Bereits im Winter 1945/46 trafen sich in Krefeld evangelische, katholische und mennonitische „Männer und Frauen aus den Kirchen", um das Gespräch zu suchen, „das allein Brücken schlagen kann"[9] – mit dem Ziel, konfessionelle Vorurteile abzubauen und soziale Herausforderungen gemeinsam zu bestehen. In Soest kam es am 25. Oktober 1946 zur Gründungsversammlung einer „Interkonfessionellen Arbeitsgemeinschaft", um im „Einsatz für einen schöpferischen Frieden

7 Ökumenische Mitteilungen. Informationsdienst der Arbeitsgemeinschaft Christlicher Kirchen in Nordrhein-Westfalen (im Folgenden: Ökumenische Mitteilungen) 18/1970, S. 8. Die Hefte der von 1970–1998 erschienenen Ökumenischen Mitteilungen trugen seit Nr. 68 den Titel „ACK Ökumenische Mitteilungen", zu denen auch zwei Beihefte erschienen sind: „Ökumene – Hindernisse und Hoffnungen" (1982) und „Martin Luther. Zum fünfhundertsten Geburtstag" (1983).

8 Vgl. M. Haudel: Wachsende Gemeinschaft im Glauben und in der Weltverantwortung. Die Arbeitsgemeinschaft Christlicher Kirchen in Nordrhein-Westfalen, in: M. Kappes (Hg.): Von der gemeinsamen Hoffnung Zeugnis geben. Lebendige Ökumene in Nordrhein-Westfalen, Kevelaer/Bielefeld 2010, S. 33–59, hier S. 34.

9 B. Müller: Zum Geburtstag kamen viele prominente Gäste. ACK Krefeld wurde vor 50 Jahren gegründet, in: ACK Ökumenische Mitteilungen 85/1996, S. 20. – Zur heutigen ACK-Krefeld zählen noch viele andere kirchliche Traditionen: z.B. altkatholische, orthodoxe und anglikanische Kirchen.

Evangelische Kirche   Bielefeld, den 26. Juli 1965
   von Westfalen
Das Landeskirchenamt
Aktz.: 19479/C 2 - 20

H. B.

An die

in der Arbeitsgemeinschaft christlicher Kirchen
in Deutschland zusammengeschlossenen Freikirchen
sowie an die mit der Ökumene verbundenen, im
Bereich der Evangelischen Kirche von Westfalen
tätigen Kirchen und Gemeinden

Sehr verehrte Herren und Brüder!

Angeregt durch das diesjährige Regionaltreffen der Ökumenischen
Centrale in der Evangelischen Akademie Haus Ortlohn, hat der
Ökumenische Ausschuß unsererer Landeskirche Überlegungen darüber
angestellt, daß wünschenswerterweise die Arbeitsgemeinschaft
christlicher Kirchen in Deutschland eine Entsprechung in einzelnen Landeskirchen haben möchte. Die Kirchenleitung hat sich diese
Überlegungen zu eigen gemacht und bittet Sie, je einen im Bereich
der Evangelischen Kirche von Westfalen tätigen und wohnhaften Vertreter zwecks gelegentlicher Zusammenkunft und gemeinsamer Beratung namhaft zu machen. Es ist beabsichtigt, diese Vertreter ein
oder zweimal im Jahr an einen zentral gelegenen Ort in Westfalen
einzuladen und solche Themen zur Besprechung vorzuschlagen, die
von gemeinsamer Wichtigkeit sind und deren Klärung dazu helfen kann,
das Miteinander im Gehorsam Christi angemessen vor der Welt zu bezeugen. Wir sind der Meinung, daß Landeskirche und Freikirche sich
gegenseitig auf mannigfaltige Weise raten und helfen können. So gewiß
eine falsche Vermischung vermieden werden soll, so gewiß erscheint
es uns geboten, daß unnötige Trennungen beseitigt werden sollten.
Die in Aussicht genommene gelegentliche Begegnung verantwortlicher
Vertreter könnte ein Schritt auf diesem Wege sein.

Wir grüßen Sie im Gehorsam Christi und in der Gemeinschaft Seines
Dienstes.

                        Mit herzlichem Gruß
                        Ihr

Vorschlag von Präses
D. Ernst Wilm,
eine regionale Arbeits-
gemeinschaft
Christlicher Kirchen
in Westfalen zu gründen.
(LkA EKvW 0.0 neu C 1197)

12

der Konfessionen"[10] zu wirken. Die unter Mitwirkung von Pfarrern und Laien aus dem katholischen, evangelischen und freikirchlichen Spektrum entstandene Arbeitsgemeinschaft führte auch zur Entstehung eines „Ökumenischen Studienkreises", der sich der theologischen Überwindung konfessioneller Trennungen widmete und international anerkannte Ökumeniker zu öffentlichen Vorträgen nach Soest einlud. Als 1958 mit Prof. Dr. Friedrich Siegmund-Schultze einer der Pioniere der ökumenischen Bewegung nach Soest zog und dort das „Ökumenische Archiv" gründete (1974 vom Evangelischen Zentralarchiv in Berlin übernommen), wurde die gegenseitige Befruchtung von Orts- und Weltökumene noch verstärkt. 1969 gab sich die Soester Arbeitsgemeinschaft eine offizielle Satzung als „Rat christlicher Gemeinden" und entwickelte sich so zeitgleich mit Dortmund zur ersten offiziellen lokalen ACK Westfalens. Diese Beispiele aus Westfalen und dem Rheinland bestätigen den von Anfang an zu beobachtenden Zusammenhang zwischen der lokalen Ökumene vor Ort und der weltweiten Ökumene.

Im genannten Klima der Erfahrungen des Zweiten Weltkrieges – der ein Zusammenrücken der Konfessionen bewirkte – und des entstehenden Ökumenischen Rates der Kirchen vollzogen 1948 auf bundesdeutscher Ebene zunächst die Evangeli-

sche Kirche in Deutschland (EKD), fünf Freikirchen und die altkatholische Kirche die Gründung der „Arbeitsgemeinschaft Christlicher Kirchen in Deutschland" *(Bundes-ACK)*. So bildeten sich zum Teil unabhängig voneinander ökumenische Zusammenschlüsse auf lokaler, überregionaler und globaler Ebene. Dadurch stellte sich das Problem der Vermittlung zwischen diesen Ebenen.

2. Der Bedarf an der Vermittlung von Orts- und Weltökumene: Die Anfänge in Westfalen

Die aufgezeigten Entwicklungen hatten dazu geführt, dass es auf weltweiter Ebene (ÖRK) und auf nationaler Ebene (Bundes-ACK) ebenso ökumenische Zusammenschlüsse gab wie im lokalen Bereich (örtliche Arbeitsgemeinschaften). Doch es fehlte die regionale Ebene zwischen den nationalen und lokalen Zusammenschlüssen. Deshalb wurde auf der westfälischen Regionalversammlung der „Ökumenischen Centrale" der Bundes-ACK (Frankfurt am Main) im westfälischen Iserlohn 1965 vorgeschlagen, eine regionale ACK für Westfalen zu gründen. Der Ökumenische Ausschuss der Evangelischen Kirche von Westfalen nahm diese Anregung auf, um die Lücke zwischen den lokalen Arbeitsgemeinschaften vor Ort und der Bundes-ACK (Vermittlerin zur globalen Ökumene) zu schließen.

Auf Empfehlung des Ökumenischen Ausschusses, in dem Ökumeniker wie Ernst Brinkmann waren, die seit Jahren ökumenische Kontakte mit anderen Kirchen pflegten, versandte der damalige westfälische Präses D. Ernst Wilm am 26. Juli 1965

10 M. Haudel: Das Jahrhundert der Ökumene – der Einfluß der ökumenischen Bewegung auf die Geschichte des Kirchenkreises Soest im 20. Jahrhundert, in: Soester Zeitschrift 112 (2000), S. 109–117, hier S. 109. – Vgl. ferner: ders./K. Schikora: Wir wollen bei dem Evangelium leben und sterben. Geschichte der Kirchenkreise Soest und Arnsberg. Von den Anfängen christlicher Gemeindegründungen bis heute. Mit einem ökumenischen Teil von Matthias Haudel, Bielefeld 2011.

Abb. rechts: Einladung von Präses D. Ernst Wilm
zur Gründungsversammlung
am 31. Januar 1966 in Dortmund.
(LkA EKvW 0.0 neu C 1197)

Abb. links: Vertreter des Geschäftsführenden Ausschusses
mit Lorenz Kardinal Jaeger (Erzbistum Paderborn, Mitte);
links: Erzpriester Dr. Ambrosius Backhaus (orth.);
rechts: Landeskirchenrat Ernst Brinkmann (EKvW),
Vorsitzender der „Arbeitsgemeinschaft christlicher Kirchen
und Gemeinden in Westfalen", 5.4.1971.
(Foto: Sammlung Ernst Brinkmann)

einen Brief an die in Westfalen existierenden ACK-Mitgliedskirchen mit dem Vorschlag, eine regionale westfälische ACK zu gründen. Er empfahl den verantwortlichen Vertretern der in Westfalen vorfindlichen ACK-Mitgliedskirchen, zu denen die katholische Kirche damals noch nicht gehörte, sich zweimal im Jahr zum Austausch über Themen zu treffen, „die von gemeinsamer Wichtigkeit sind und deren Klärung dazu helfen kann, das Miteinander im Gehorsam Christi angemessen vor der Welt zu bezeugen". Er wies dabei auf folgende ökumenische Methode hin: „So gewiß eine falsche Vermischung vermieden werden soll, so gewiß erscheint es uns geboten, daß unnötige Trennungen beseitigt werden sollten."[11] Angesichts der vielen zustimmenden Rückmeldungen lud Wilm die Vertreter der angeschriebenen Kirchen zu einer Begeg-

11 Siehe die Akte Az. C2-20/5, Fasc. 1, im Landeskirchlichen Archiv der EKvW.

nung am 31. Januar 1966 in Dortmund mit dem Thema „Ökumene am Ort" ein.

Die erschienenen Vertreter der westfälischen Landeskirche, der Altlutheraner, der Altkatholiken, der Methodisten, der Mennoniten und anderer Freikirchen äußerten den Wunsch nach weiterer Zusammenarbeit, so dass jährlich weitere Treffen stattfanden, zu denen dann auch die zunächst nicht erschienenen orthodoxen Vertreter hinzukamen (griechisch-orthodox, russisch-orthodox, ukrainisch-orthodox, serbisch-orthodox). Auf der fünften Zusammenkunft im Juni 1969 in Dortmund, bei der auch zwei römisch-katholische Vertreter des Bistums Paderborn (die Patres Werenfried Wessel und Reinhard Kellerhoff) anwesend waren, beschloss man eine Struktur und einen Geschäftsführenden Ausschuss der *„Arbeitsgemeinschaft christlicher Kirchen und Gemeinden in Westfalen"*, als deren Gründungsdatum der 31.

<u>Abschrift des Entwurfs</u>

Der Präses der EKvW.   Bielefeld, den 5. November 1965

<u>Aktz.: C 2 - 20</u>

An die
inzwischen namhaft gemachten Vertreter
der im Bereich der Evangelischen Kirche von Westfalen
wirkenden Freikirchen, christlichen Gemeinschaften
und kirchlichen Gruppen

Sehr geehrte Herren und Brüder!

Zu unserer Freude haben auf unser Rundschreiben vom 26. Juli ds. Jahres alle Angeschriebenen positiv geantwortet. Wir sind sehr dankbar dafür, daß auf solche Weise die Voraussetzungen für eine vertrauensvolle Aussprache und fruchtbaren Austausch geschaffen worden sind. Nunmehr laden wir zu einer ersten Begegnung auf

<u>Montag, den 31. Januar 1966, vormittags 10 Uhr, in das evangelische Gemeindehaus Reinoldinum, Dortmund, Schwanenwall 34,</u>

ein. Herr Pastor Dr. Keienburg-Münster wird ein einleitendes Referat über "Ökumene am Ort" halten. Der Hauptteil des Tages soll alsdann der Aussprache vorbehalten sein. Ende gegen 17 Uhr.

Wir bitten Sie, uns bis zum 25. Januar Ihr Kommen kurz zu bestätigen. Das Reinoldinum ist vom Dortmunder Hauptbahnhof aus in zehnminütigem Fußweg zu erreichen.

Mit freundlichen Grüßen
Ihr
gez. D. Wilm

Januar 1966 galt. Als erster Vorsitzender wurde der in Westfalen vielfach ökumenisch engagierte Ökumenereferent der EKvW, Landeskirchenrat Ernst Brinkmann, gewählt. Nachdem auch das Bistum Münster im Klima dieses ökumenischen Aufbruchs mit Prälat Dr. Paul Wesemann einen ersten Delegierten benannt hatte, waren in der westfälischen Arbeitsgemeinschaft die meisten der in Westfalen vorfindlichen kirchlichen Traditionen breit gestreut vertreten.

Die „Ökumenischen Mitteilungen", die bis dahin den Informationsdienst des Ökumeneausschusses der EKvW dargestellt hatten, sollten ab Januar 1970 zum Informationsmedium der Arbeitsgemeinschaft werden, das den Austausch zwischen den örtlichen Arbeitsgemeinschaften und der west-

fälischen Arbeitsgemeinschaft fördert.[12] Diese auch von der späteren ACK-NRW übernommenen und 1998 aus finanziellen Gründen leider nicht weitergeführten *ACK Ökumenischen Mitteilungen* dienten allen Mitgliedskirchen in hilfreicher Weise zur Vermittlung von lokaler, regionaler und globaler

12 Vgl. zur Entstehung der westfälischen Arbeitsgemeinschaft den Bericht von E. Brinkmann in: ACK Ökumenische Mitteilungen 87/1997, S. 12 ff., und die Akten im Landeskirchlichen Archiv der EKvW, Bielefeld, Bestand 0.0 neu C Nr. 02-20/05, Bd. I,1-2 u. II,1-2. – Die *Akten* aus den Jahren 1965–1974 finden sich im Landeskirchlichen Archiv Bielefeld, während die Akten der Regionaltagungen, der Mitgliederversammlungen und des Geschäftsführenden Ausschusses von der Gründung der ACK-NRW 1972 bis heute im Johann-Adam-Möhler-Institut in Paderborn vorhanden sind.

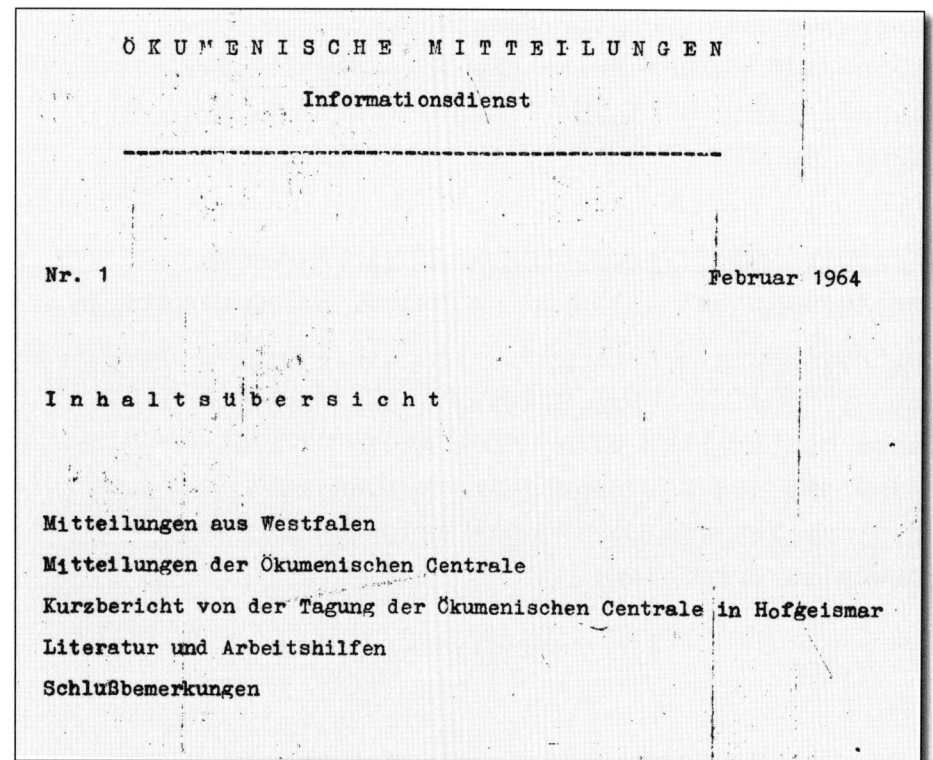

Titelblatt der ersten „Ökumenischen Mitteilungen", Nr. 1, Februar 1964. (Quelle: LkA EKvW 0.0 neu C 1256)

<u>Ergebnisprotokoll zwischen Vertretern der Evgl.Kirche</u>
<u>von Westfalen und Vertretern der im westfälischen Be-</u>
<u>reich wirkenden Freikirchen, christlichen Gemeinschaf-</u>
<u>ten und kirchlichen Gruppen am 31. Januar 1966 in Dortmund</u>

1. Angeregt durch die regionalen Studientage der Ökumenischen Zentrale und auf Veranlassung des Ökumenischen Ausschusses der
Evgl. Kirche von Westfalen lud Präses D.Wilm die Vertreter der
Freikirchen und anderer Kirchengemeinschaften in Westfalen am
31.1.1966 zu einer Zusammenkunft im Dortmunder Reinoldinum ein.
Erschienen waren Vertreter der Altkatholischen Kirche, der Evgl.
Gemeinschaft, der Methodistenkirche, der Freien Evgl. Gemeinde,
der Altlutherischen Kirche, des Bundes freikirchlicher Gemeinden (Baptisten) und der Mennoniten. Ferner nahmen teil Mitglieder der westfälischen Kirchenleitung, des Landeskirchenamtes,
Mitglieder des Ökumenischen Ausschusses und einige Synodalbeauf-
tragte für Ökumene. Außerdem waren eingeladen, aber nicht erschienen Vertreter der orthodoxen Kirchen.

2. Nach ausführlicher Aussprache über das Thema "Ökumene am Ort"
stellten die Teilnehmer einmütig fest, daß die persönliche Begegnung mit der Möglichkeit des Austauchs von Informationen zu
begrüßen und fortzusetzen sei.

3. Der Teilnehmerkreis empfiehlt, ähnliche Zusammenkünfte auf
Ortsebene zu fördern bzw. zu schaffen. Solche Fühlungnahmen
würden die Basis des Vertrauens stärken und die gelegentliche
Versuchung zu Proselytismus entkräften.

4. Es soll weiter im Gespräch bleiben, ob und wieweit bei besonderen Gelegenheiten, vor allem bei ökumenischen Veranstaltungen,
Predigern der anderen Kirchengemeinschaften die Kanzel einge-
räumt wird, damit gemeinsam Zeugnis vor Gemeinde und Welt abge-
legt werden kann.

5. Es wird als möglich, wichtig und nötig angesehen, die vom Weltkirchenrat (Neu Delhi) angeregte Zusammenarbeit im Bereich der
Mission und der Diakonie auch auf Ortsebene zu verstärken, nachdem sie im Gesamtbereich der EKD (Brot für die Welt, Arbeitsgemeinschaft für Weltmission u.a.) bereits praktiziert wird.

<u>6.</u>

-2-

6. Die gemeinsame Planung und Durchführung der jährlichen Ökumenischen Gebetswoche, der Allianz-Gebetswoche und des Weltgebets-
tags der Frauen sollte an jedem Ort selbstverständlich sein.

7. Dringend notwendig erscheint die Fühlungnahme der verschiedenen
Kirchengemeinschaften am Ort bei der Planung von Evangelisa-
tionen, Evangelischen Wochen usw., damit einerseits Überschei-
dungen vermieden und andererseits das Zeugnis vor der Welt
glaubwürdig gestaltet wird.

   gez. P. Dr. Keienburg   gez. Sup. Mohr

Ergebnis der ersten Zusammenkunft der „Arbeitsgemeinschaft christlicher Kirchen und Gemeinden in Westfalen" am 31. Januar 1966. (Ergebnisprotokoll der Begegnung am 31.1.1966, in: LkA EKvW 0.0 neu C 1256)

THESEN DER ARBEITSGEMEINSCHAFT CHRISTLICHER KIRCHEN IN DEUTSCH-
LAND ZUM KIRCHENVERSTÄNDNIS *)

Die in der "Arbeitsgemeinschaft christlicher Kirchen in Deutschland"
vertretenen Kirchen und Freikirchen haben in den Jahren 1957 - 1961
sich bemüht, ihr Verhältnis zueinander klarer zu sehen und besser zu
verstehen, indem sie sich die Frage stellten: "Wie sieht jede unserer
Mitgliedskirchen sich selbst im Licht der Heiligen Schrift?"

Das Ergebnis der Referate wurde in Thesen zusammengefaßt, die in einem
offenen, brüderlichen Gespräch immer wieder überprüft wurden, damit
die gemeinsamen Überzeugungen möglichst klar zur Darstellung kommen
und zugleich die Grenzen sichtbar werden, über die hinaus die Unterschiede nicht mehr zu verleugnen sind.

Obwohl das Neue Testament die entscheidenden Normen zu geben hatte,
behielten die Differenzen zwischen katholischer und protestantischer
Lehrtradition, besonders bezüglich "Überlieferungen", "Einheit der
Kirche", "Amt", "Sakrament", ihr Gewicht, ebenso die Unterschiede
in der kirchlichen Struktur, indem Volkskirchen und Freikirchen das
Gliedwerden in der Kirche sowie das Verhältnis zwischen Gemeinde und
Kirche, Kirche und Staat verschieden sehen.

Und doch war es möglich, in folgenden 15 Punkten eine gemeinsame Auffassung zu ermitteln:

Wir sind einig in folgenden Punkten:

1. Das Neue Testament bietet kein verbindliches Modell für die Organi-
sationsform der Kirche Jesu Christi. Wir sind aber gehalten, den gegenwärtigen Zustand der eigenen Kirche an der Wahrheit der neutestamentlichen Botschaft und an der Wirklichkeit der neutestamentlichen
Gemeinde ständig zu prüfen und, wo es not tut, zu korrigieren.

2. Im Neuen Testament wird die Vielzahl der Gemeinden als die Eine
Gemeinde Jesu Christi gesehen. Es besteht jedoch keine äußerlich-
rechliche Organisierung der Ortsgemeinde in einer umfassenden Kirche.
Man darf diesen Tatbestand nicht auf biblische Grundsätze und Normen
zurückführen, sondern muß ihn von der urchristlichen Gemeindebildung
her als ein Anfangsstadium verstehen.

3. Das Neue Testament verpflichtet uns, im Blick auf den Einen Herrn,
den Einen Geist und den Einen Leib und wegen des Zeugnisses zur Welt
hin die Einheit der Kirche Jesu Christi in wahrnehmbarer Gestalt ernst-
lich zu suchen, ohne daß diese dabei jedoch die Form einer einheit-
lich verwalteten Universalkirche annehmen müßte.

4. Wie der erhöhte Christus, so ist auch sein Leib als Schöpfung im
Heiligen Geist eine ewige Wirklichkeit, von der die Gemeinde als Volk
Gottes ihren Ausgang nimmt und in der sie aufgehen wird, wenn aus der
kämpfenden eine triumphierende geworden ist.

5. Die Gemeinde des Christus ist eine durch Gottes Wort und Geist
gewirkte Gemeinschaft von Menschen, die an den gekreuzigten und auferstandenen Christus als ihren Herrn glauben und ihm nachfolgen.

6. Keine Kirche oder Gemeinschaft, wie sie auf Erden in Erscheinung
tritt, kann von sich behaupten, eine "reine Gemeinde" zu sein. Das

endgültige

---

*) Ökumenische Rundschau 11. Jahrgang 1962, Heft 3

endgültige Urteil darüber, wer wirklich lebendiges Glied am Leib Christi ist und wer nicht, steht niemandem auf Erden zu. Die neutestamentliche Ordnung, zu taufen, wo die Taufe begehrt wird, zeigt jedoch an, daß die Zugehörigkeit zur Gemeinde Bedingung und Grenze kennt.

7. Das Neue Testament weist uns an, mit uns selbst ins Gericht zu gehen und so am Tisch des Herrn Brot und Wein als Leib und Blut des Christus zu empfangen. Die darin uns vom Herrn geschenkte Vergebung und Heiligung läßt uns die Gemeinschaft mit ihm und untereinander finden und aufrechterhalten.

8. Wo in der Gemeinschaft der Getauften die Einladung zum Tisch des Herrn mißachtet wird, wird die vom Herrn gewollte Gestalt der Gemeinde als "Gemeinschaft der Heiligen" entstellt.

9. Gemeinde des Christus ist nur da, wo über dem rein verkündigten Wort, dem recht verwalteten Sakrament und dem ordnungsgemäß geführten Amt Leben aus dem Geist Christi in der Gemeinde Raum gewinnt. Deshalb sind die Lebendigkeit der Glaubenden und die persönliche Verantwortung der Glieder vor Gott durch nichts ersetzbar.

10. Kirchen, Freikirchen und Gemeinschaften droht offenbar, je älter sie werden, die gleiche Gefahr einer einseitigen Entwicklung: vom Wagnis im Persönlichen zur Sicherung im Sachlichen, von der Unruhe in der Bewegung zur Verfestigung im Institutionellen, von der Erwartung im Charismatischen zur Regelung im Amtlichen. Deshalb bleibt für alle Kirchen, Freikirchen und Gemeinschaften die Frage offen, ob in ihrer Mitte Änderung oder gar Abbau des geschichtlich Gewordenen nötig und möglich ist, um Kräften der Erneuerung den Weg zu neuer Gestaltung frei zu machen.

11. Christus beruft Menschen zum Dienst am Evangelium und an der Gemeinde, rüstet sie mit natürlichen und geistlichen Gaben aus und gibt ihnen Vollmacht zu ihrem Dienst. Soweit dieser Dienst kirchlich geordnet ist, soll er das "allgemeine Priestertum der Gläubigen" nicht hindern oder gar ersetzen, sondern ihm zur Entfaltung helfen.

12. Die Gemeinde muß jedem Glied die Möglichkeit geben, die ihm vom Herrn geschenkten Gaben zur Auferbauung des Leibes Christi anzuwenden. Die Mannigfaltigkeit der Gaben entspricht dem mannigfaltigen Dienst für die Gemeinde. Je größer die Gabe oder je höher die Vollmacht, desto stärker ist die Verpflichtung zur demütigen Unterordnung und zum hingebenden Dienst.

13. Die Gemeinde Jesu Christi ist nicht von der Welt, aber in der Welt und für die Welt. Darum gehört beides zu ihrer Existenz: der Kampf gegen die Verweltlichung, also Gemeindezucht, und Zeugnis an die Welt, also Mission. Wieweit ihr beides miteinander möglich wird und wie eins dem anderen dient, ist abhängig von ihrer geistlichen Kraft.

14. Jedes kirchliche Gebilde muß, wenn es in der Öffentlichkeit bestehen soll, sich der rechtlichen Formen und Mittel bedienen, wie sie von Staat und Gesellschaft gewährt werden. Damit erwächst jedoch der Gemeinde Jesu die Aufgabe, dafür zu sorgen, daß der Geist der Liebe und der Geduld genügend Raum hat. Vor allem muß sie sich hüten, zur Erfüllung ihres Auftrages sich weltlicher Macht zu bedienen. Sie hat ihrem Herrn zu folgen und das Kreuz ihm nachzutragen.

15. Die Gemeinde Jesu Christi erwartet den wiederkommenden Herrn und das Offenbarwerden seiner Herrlichkeit. Sie lebt dieser Hoffnung nicht nur für sich und für das Volk des Alten Bundes, sondern auch für die Welt. Nur so kann und darf sie den Christus als den bezeugen, der ein Heiland aller Menschen ist.

Abb. links und rechts: Ökumenische Thesen der „Arbeitsgemeinschaft Christlicher Kirchen in Deutschland" von 1962.

Ökumene.[13] Dass es zur ökumenischen Ausweitung der westfälischen Region auf die nordrhein-westfälische Ebene und damit zur Entstehung der „ACK-NRW" kam, war wiederum einer westfälischen Regionaltagung der Bundes-ACK zu verdanken.

3. Die Gründung der „Arbeitsgemeinschaft Christlicher Kirchen in Nordrhein-Westfalen" (ACK-NRW) und ihre Grundsätze

Von der westfälischen Regionaltagung in Schwerte (Februar 1972) erging die Anregung, die westfälische Arbeitsgemeinschaft auf Nordrhein-Westfalen auszudehnen. Die auf der Tagung versammelten Delegierten beschlossen, den Kirchen diese Ausdehnung zu empfehlen, weil eine ACK-NRW aus folgenden Gründen „erforderlich" sei: Die lokalen Arbeitsgemeinschaften benötigen eine „regionale Umschlagstelle" für gegenseitigen Austausch und die gegenseitige Befruchtung von Orts- und Weltökumene. Diese regionale Instanz vermag darüber hinaus nicht nur die ökumenische Kooperation von Kirchen und die Zusammenarbeit von der Gemeinde- bis zur Kirchenleitungsebene zu fördern, sondern auch Spannungen zu überwinden und dem langfristigen Ziel kirchlicher Einheit durch „Einübung in konziliares Verhalten" zu dienen.[14]

Noch im Mai beschloss die westfälische Mitgliederversammlung unter Aufnahme dieser Gründe die Erweiterung und die Einladung der christlichen Kirchen auf dem Gebiet von ganz Nordrhein-Westfalen, so dass am 12. September 1972 in Dortmund die *Gründungs-Mitgliederversammlung* der „*Arbeitsgemeinschaft Christlicher Kirchen in Nordrhein-Westfalen*"[15] stattfinden konnte, deren erster Vorsitzender erneut Ernst Brinkmann wurde, der sich bereits engagiert für die westfälische Arbeitsgemeinschaft eingesetzt hatte. Über die kirchlichen Amtsträger hinaus gehörten nun zunehmend Laien zum Kreis der Delegierten. Zu den Mitgliedskirchen zählten jetzt neben etlichen orthodoxen und altorientalischen Kirchen sowie Freikirchen und der Altkatholischen Kirche die evangelischen Landeskirchen von Westfalen, Rheinland und Lippe sowie die katholischen Bistümer Paderborn, Münster, Essen, Köln und Aachen. Damit wurde die ACK-NRW zum *Vorreiter* für die Bundes-ACK, in der es erst 1974 zur Mitgliedschaft der katholischen Kirche kam. Durch die Mitgliedschaft der katholischen Kirche auf den verschiedenen ACK-Ebenen verkörpert die ACK eine besonders verheißungsvolle multilaterale ökumenische Gemeinschaft, da die katholische Kirche weder auf europäischer Ebene in der Konferenz Europäischer Kirchen (KEK) noch auf

---

13 So beinhalteten die Hefte z.B. nicht nur die Ergebnisse der Regionaltagungen oder Mitgliederversammlungen, sondern auch die regionalen, nationalen und internationalen ökumenischen sowie theologischen Entwicklungen. Auch Berichte über die Aktivitäten der lokalen Arbeitsgemeinschaften kamen nicht zu kurz (s. Anm. 7).

14 Vgl. die Dokumentation der Empfehlung und ihrer Gründe in: Ökumenische Mitteilungen 25+26/1972, S. 21. Die Einübung in konziliares Verhalten wurde be-

sonders betont, weil man sich im Vorfeld der 5. ÖRK-Vollversammlung (Nairobi 1975) mit deren Einheitskonzept der „konziliaren Einheit der Kirchen" beschäftigte.

15 Den Zusatz „und Gemeinden" ließ man fallen, um sich dem Sprachgebrauch der Bundes-ACK anzuschließen. Zur konfessionellen Zusammensetzung zur Zeit der Gründung der ACK-NRW und den Strukturbeschlüssen sowie den Wahlen des Geschäftsführenden Ausschusses vgl. Ökumenische Mitteilungen 27+28/1972, S. 3 ff., und das Protokoll zu dieser Gründungs-Mitgliederversammlung in den ACK-Akten (s. Anm. 12).

Erster Geschäftsführender Ausschuss der ACK-NRW, Haus der Vereinigten Kirchenkreise Dortmund, 12.9.1972:
(v.l.n.r.) Superintendent Fritz Harriefeld (ev.-method.)/Essen, Erzpriester Sergius Heitz (orth.)/Düsseldorf,
Offizial Domkapitular Prälat Dr. Paul Wesemann (Bistum Münster), Landeskirchenrat Ernst Brinkmann (EKvW)/
erster Vorsitzender der ACK-NRW, Ministerialdirigent Helmut Wulf (Ev. Kirche im Rheinland: EKiR),
Pfarrvikar Klemens Büchler (altkath.)/Dortmund, Referent Dr. Georg Schükler (Bistum Aachen).
(Foto: Joachim Gill, LkA EKvW 25 F 146)

Feierstunde anlässlich des Beitritts der römisch-katholischen und griechisch-orthodoxen Kirche zur Arbeitsgemeinschaft Christlicher Kirchen in Deutschland, Frankfurt 11.3.1974:
Kapitularvikar Dr. Johannes Joachim Degenhardt (Erzbistum Paderborn)/1.v.r., Präsident Dr. Adolf Wischmann (EKD)/2.v.r., Bischof Augoustinos Lambardakis (griech.-orth. Metropolie von Deutschland)/7.v.r. vorn.
(Foto: LkA EKvW 25 F 195)

Weltebene im ÖRK vertreten ist. Die ACK erhielt diesbezüglich eine *Brücken-Funktion*, da sie sich unter offizieller katholischer Beteiligung den in der Weltökumene geltenden Grundlagen anschloss.

Den Rückgriff auf diese Grundlagen belegen verschiedene Beschlüsse der ACK-NRW, die 1986 auf der Mitgliederversammlung in Soest als „*Grundsätze*" der ACK-NRW zusammengefasst wurden. Nach diesen Grundsätzen gilt die Basis des ÖRK, die 1961 auf der 3. ÖRK-Vollversammlung in Neu-Delhi trinitarisch erweitert wurde, als *theologisches Kriterium* für die Mitgliedschaft in der ACK-NRW: „Die Mitglieder bekennen mit der Basis des Ökumenischen Rates der Kirchen von 1961 den Herrn Jesus Christus gemäß der Heiligen Schrift als Gott und Heiland. Sie trachten darum gemeinsam zu erfüllen, wozu sie berufen sind, zur Ehre Gottes, des Vaters, des Sohnes und des Heiligen Geistes."[16] Die Orientierungshilfe der Bundes-ACK über die Grundlagen ökumenischer Zusammenarbeit der ACK-Kirchen fügte dieser Basis 1998 noch eine Vertiefung hinzu, die sich angesichts der Frage der Kirchen, wie die „Einheit in Christus heute sichtbar werden kann", auch auf das *altkirchliche Ökumenische Bekenntnis zum dreieinigen Gott* bezieht: „Die Grundlage ihres gemeinsamen Glaubens und ihrer Zusammenarbeit ist das Wort Gottes, wie es in Jesus Christus endgültig geoffenbart und in der Heiligen Schrift, Altes und Neues Testament, bezeugt ist. Ein wichtiger Ausdruck dieses Glaubens und der Einheit ist das Ökumenische Glaubensbekenntnis von Nizäa-Konstantinopel (381)."[17] Diesen Zusatz, der auch

der biblisch-trinitarisch fundierten ökumenischen Öffnung der katholischen Kirche beim Zweiten Vatikanischen Konzil entspricht, hat das jüngste Informationsheft der ACK-NRW übernommen.

Die ACK-NRW gründet sich also im Kontext globaler ökumenischer Bemühungen auf die *gemeinsame Grundlage aller Christen*: die *Heilsgeschichte des dreieinigen Gottes und seine endgültige Offenbarung in Jesus Christus*. Die allen Christen geschenkte *Gabe*, an der Liebe des dreieinigen Gottes teilzuhaben, verbindet sich mit der *Aufgabe*, in der Gemeinschaft der Glaubenden (Leib Christi) die Einheit in Vielfalt der innergöttlichen Liebesgemeinschaft widerzuspiegeln.[18]

Deshalb werden in den Grundsätzen der ACK-NRW *folgende Aufgaben* genannt:
– Gegenseitige Unterrichtung;
– Zusammenarbeit in Zeugnis und Dienst;
– Gespräche zur Klärung, Verständigung und gegenseitigen Bereicherung;
– Wahrnehmung gemeinsamer Anliegen in der Öffentlichkeit;
– Behandlung gesamtökumenischer Aufgaben (unbeschadet der besonderen Zuständigkeit der Mitglieder).

Laut der Orientierungshilfe der Bundes-ACK ist damit das Selbstverständnis bzw. die Verpflichtung verbunden, „Wege zu immer deutlicheren und verbindlicheren Formen der Gemeinschaft" zu suchen und diese den jeweils eigenen Kirchen nahezubringen. Das schließt neben dem Dialog über das Glaubensverständnis die gemeinsame missionari-

16 Siehe die Dokumentation der „Grundsätze" in: Ökumenische Mitteilungen 67/1987, S. 10–13, hier S. 10.
17 Die „Orientierungshilfe" findet sich auf der Internet-Sei-

te der ACK-NRW: www.ack-nrw.de.
18 Siehe dazu Abschnitt VII,1.

Internetseite der
ACK-NRW (2011):
www.ack-nrw.de.

Aufgabe
Grundsätze

Die Arbeitsgemeinschaft Christlicher Kirchen in Nordrhein-Westfalen wird von den beteiligten Kirchen und kirchlichen Gemeinschaften gebildet zu gemeinsamem Zeugnis und Dienst. Die Mitglieder bekennen mit der Basis des Ökumenischen Rates der Kirchen von 1961 den Herrn Jesus Christus gemäß der Heiligen Schrift als Gott und Heiland. Sie trachten darum gemeinsam zu erfüllen, wozu sie berufen sind, zur Ehre Gottes, des Vaters, des Sohnes und des Heiligen Geistes. Die Arbeitsgemeinschaft dient der ökumenischen Zusammenarbeit und Entwicklung im Bereich des Landes Nordrhein-Westfalen durch Erfüllung folgender Aufgaben:

1. Gegenseitige Unterrichtung ihrer Mitglieder und Zusammenarbeit in gemeinsamem Zeugnis und Dienst.
2. Förderung des Gesprächs unter den Mitgliedern mit dem Ziel der Klärung, Verständigung und gegenseitigen Bereicherung.
3. Behandlung besonderer Anliegen einzelner Mitglieder auf deren Antrag sowie Beratung und Vermittlung bei Meinungsverschiedenheiten zwischen einzelnen Mitgliedern.
4. Vertretung und Wahrnehmung gemeinsamer Anliegen und Aufgaben nach außen und in der Öffentlichkeit.
5. Behandlung gesamtökumenischer Fragen und Aufgaben unbeschadet der besonderen Zuständigkeit der Mitglieder.

(Zusammengestellt nach den Grundsatzbeschlüssen der Vollversammlungen)

sche Verantwortung und die gemeinsame Weltverantwortung ein – ebenso wie den Verzicht auf gezielte Abwerbung von Mitgliedern anderer Kirchen (Proselytismus) und die Berücksichtigung der Zugehörigkeit zu einer ACK-Mitgliedskirche bei Anstellungen in kirchlichen Einrichtungen (ACK-Klausel). Auf diese Weise können die Mitgliedskirchen der ACK die Einheit der Christen auf multilateraler Ebene fördern und von der schon erreichten Einheit Zeugnis ablegen.

Als *Struktur* zur Umsetzung dieser Ziele und Aufgaben dienen der ACK-NRW nach ihren Grundsätzen die Mitgliederversammlungen, der Geschäftsführende Ausschuss und bei Bedarf einzusetzende Arbeitsausschüsse. Durch eine Quote sind alle Mitgliedskirchen angemessen in der Mitgliederversammlung als dem „Beratungs- und Entscheidungsgremium" vertreten. „In ihr werden durch theologische Gespräche die ökumenischen Beziehungen vertieft, ökumenische Informationen ausgetauscht, gemeinsame Empfehlungen erarbeitet und Verbindung[en] mit örtlichen ökumenischen Arbeitsgemeinschaften […] gepflegt."[19] Mitgliederversammlungen finden zweimal jährlich im Frühjahr und im Herbst statt. Die Früh-

19 Grundsätze, in: Ökumenische Mitteilungen 67/1987, S. 12.

jahrstagung war zumeist mit der westfälisch-rheinländischen Regionaltagung der Bundes-ACK verbunden, bevor sie in den 90er Jahren als Studientagung zunehmend in eigene Regie genommen wurde. Neben der üblichen Einladung von Vertretern der lokalen Arbeitsgemeinschaften, die der gegenseitigen Befruchtung von lokaler, regionaler und globaler Ökumene dient, findet seit 1994 am letzten Tag der Frühjahrs- oder Herbsttagung ein ausführlicher Austausch zwischen den lokalen Arbeitsgemeinschaften statt, der die Teilnehmer über die Vielfalt ökumenischer Aktivitäten in Nordrhein-Westfalen informiert und dadurch wie eine Ideen-Börse zur gegenseitigen Bereicherung beiträgt. Nach der in den Grundsätzen festgelegten konfessionellen Repräsentanz wählt die Mitgliederversammlung den Geschäftsführenden Ausschuss (einschließlich Vorsitz und stellvertretendem Vorsitz), der die laufenden Geschäfte führt und die Versammlungen vorbereitet.

So ist eine institutionalisierte ökumenische Gemeinschaft entstanden, die eine umfassendere konfessionelle Zusammensetzung als die meisten ökumenischen Zusammenschlüsse vorzuweisen hat und von der einer ihrer langjährigen Vorsitzenden, Superintendent Norbert Beer (EKvW, 1983–1992), schon in seinem 1989 vorgelegten Tätigkeitsbericht sagen konnte: „Die Arbeit der Arbeitsgemeinschaft Christlicher Kirchen in Nordrhein-Westfalen hat sich gelohnt. Sie hat der ökumenischen Zusammenarbeit und der Entwicklung des ökumenischen Bewusstseins im Bereich des Landes Nordrhein-Westfalen einen positiven Dienst geleistet. Wir bitten den Herrn der Kirche, der für die Einheit der Seinen gebetet hat, dass er unsere Bemühungen annehmen möge, damit diese

Superintendent Norbert Beer (ev. Kirchenkreis Münster) war 1983 bis 1992 Vorsitzender der ACK-NRW.

den Vater und den Sohn im Heiligen Geist verherrlichen und der Welt eine Einladung zum Glauben seien."[20] Ein Blick auf die bisherige Arbeit der ACK-NRW und ihre zukünftigen Projekte soll zeigen, was damit konkret gemeint sein kann.

20 N. Beer: Bemühen um eine realistische Sicht. Tätigkeitsbericht des ACK-Vorsitzenden, in: ACK Ökumenische Mitteilungen 71/1989, S. 7 f.

25

Stationen der ökumenischen Bewegung 1910 bis 2011

Erste ÖRK-Vollversammlung
Amsterdam, Niederlande
22. August–4. September 1948
Thema: „Die Unordnung der Welt und Gottes Heilsplan"
Delegierte: 351 (147 Mitgliedskirchen)

Zweite ÖRK-Vollversammlung
Evanston, USA
15.–31. August 1954
Thema: „Christus, die Hoffnung der Welt"
Delegierte: 502 (161 Mitgliedskirchen)

Dritte ÖRK-Vollversammlung
Neu-Delhi, Indien
19.November–15.Dezember 1961
Thema: „Jesus Christus, das Licht der Welt"
Delegierte: 577 (191 Mitgliedskirchen)

Vierte ÖRK-Vollversammlung
Uppsala, Schweden
4.–20.Juli 1968
Thema: „Siehe, ich mache alles neu"
Delegierte: 704 (235 Mitgliedskirchen)

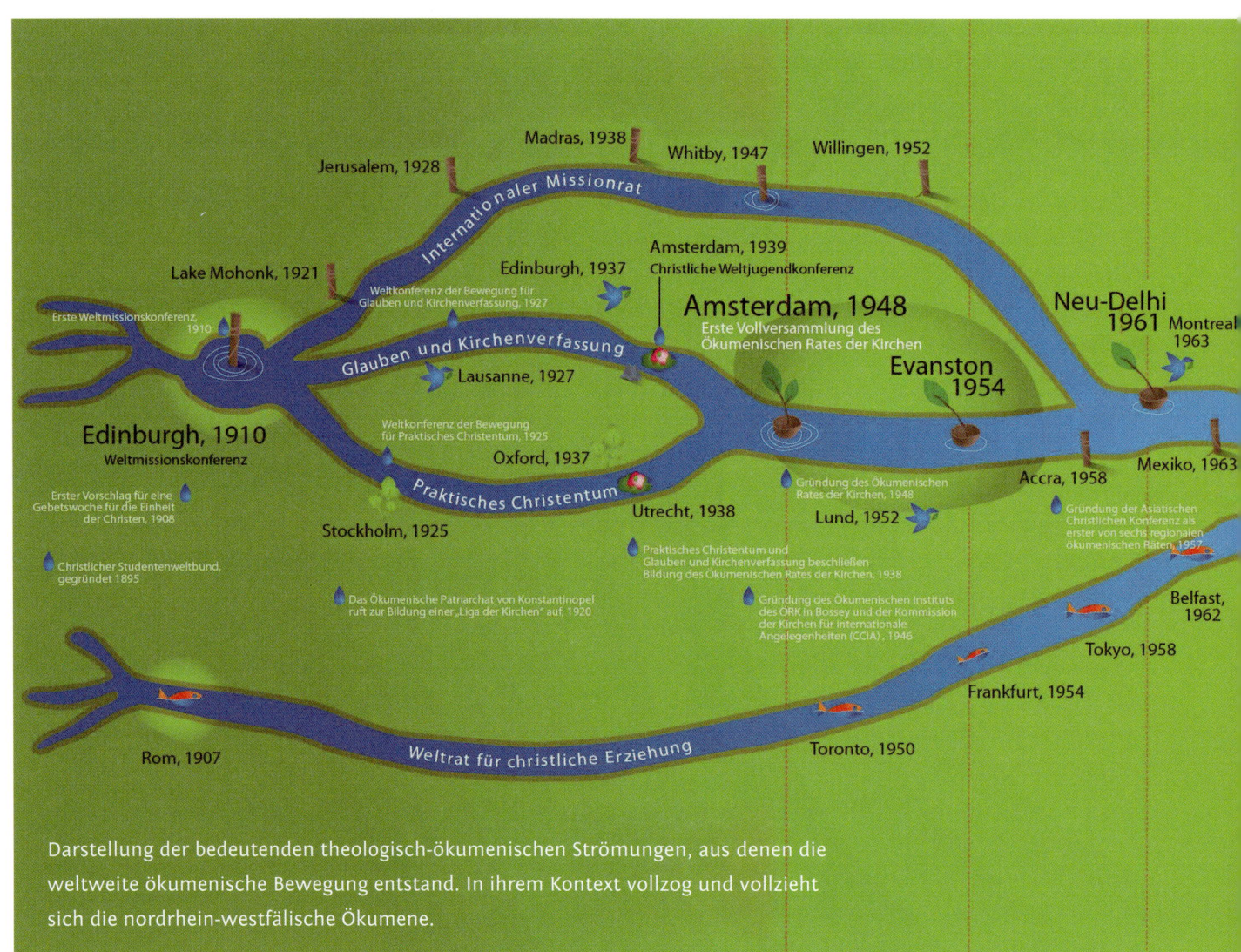

Darstellung der bedeutenden theologisch-ökumenischen Strömungen, aus denen die weltweite ökumenische Bewegung entstand. In ihrem Kontext vollzog und vollzieht sich die nordrhein-westfälische Ökumene.

Fünfte ÖRK-Vollversammlung

Nairobi, Kenia
23. November–10. Dezember 1975
Thema: „Jesus Christus befreit und eint"
Delegierte: 676 (285 Mitgliedskirchen)

Sechste ÖRK-Vollversammlung

Vancouver, Kanada
24. Juli–19. August 1983
Thema: „Jesus Christus, das Leben
der Welt"
Delegierte: 847 (301 Mitgliedskirchen)

Siebte ÖRK-Vollversammlung

Canberra, Australien
7.–20. Februar 1991
Thema: „Komm, Heiliger Geist –
erneuere die ganze Schöpfung"
Delegierte: 852 (317 Mitgliedskirchen)

Achte ÖRK-Vollversammlung

Harare, Simbabwe
3.–14. Dezember 1998
Thema: „Kehrt um zu Gott –
seid fröhlich in Hoffnung"
Delegierte: 996 (336 Mitgliedskirchen)

Neunte ÖRK-Vollversammlung

Porto Alegre, Brasilien
14.–23. Februar 2006
Thema: „In deiner Gnade,
Gott, verwandle die Welt"
Delegierte: 728 (347 Mitgliedskirchen)

Liste der Vorsitzenden der ACK-NRW

1972–1977:   Landeskirchenrat Dr. hc. mult. Ernst Brinkmann
(EKvW – seit 1969 bereits Vorsitz der westfälischen Arbeitsgemeinschaft)

1977–1979:   Prof. Dr. Aloys Klein (Erzbistum Paderborn)

1979–1983:   Ökumenereferentin Dr. Ilona Riedel-Spangenberger (Bistum Münster)

1983–1992:   Superintendent Norbert Beer (Evangelischer Kirchenkreis Münster)

1992–1998:   Domkapitular Dr. Herbert Hammans (Bistum Aachen)

1998–2001:   Erzpriester Constantin Miron (Griechisch-orthodoxe Metropolie von Deutschland,
Gemeinde Brühl)

2001–2004:   Rechtsanwalt Eberhard Spiecker (EKiR)

2004–2007:   Landeskirchenrätin Dr. Johanna Will-Armstrong (EKvW)

seit 2007:   Ökumenereferent Dr. Michael Kappes (Bistum Münster)

III. Die gegenseitige Befruchtung von Orts- und Weltökumene durch die ACK-NRW

Die mit der ACK-NRW verbundenen Hoffnungen haben in unterschiedlicher Hinsicht Früchte getragen. So konnte in den Anfangsjahren gegenseitiges Misstrauen überwunden werden. Dadurch ließen sich viele zwischenkirchliche Spannungen abbauen, als Voraussetzung für praktische Zusammenarbeit und einen konstruktiven inhaltlichen Dialog über das Kirchen- und Einheitsverständnis sowie über die gemeinsame kirchliche Weltverantwortung. In diesem Annäherungsprozess befruchteten sich lokale und globale ökumenische Entwicklungen gegenseitig.

1. Theologischer, spiritueller und praktischer Austausch durch Publikationen und Mitgliederversammlungen

Die ersten Jahre der ACK-NRW zeigen, dass sich ökumenische Erfolge nicht alleine durch globale Entwicklungen wie die Entstehung des ÖRK und das Zweite Vatikanische Konzil ergeben, sondern der persönlichen Begegnung vor Ort bzw. in der Region bedürfen, weil sich nur so gegenseitiges Verständnis und Vertrauen entwickeln können. Das gilt umso mehr für die multilaterale Annäherung zwischen allen christlichen Konfessionen, da sich hier gegenseitige Unkenntnis und Vorurteile häufen. So erwies sich die ACK-NRW bald

als unersetzliche Einrichtung, die den Kirchen und Gemeinschaften ermöglichte, sich intensiv kennen und schätzen zu lernen. Die auf diese Weise entstandene vertrauensvolle Atmosphäre erleichterte die konstruktive Aufnahme globaler ökumenischer Fortschritte und motivierte zugleich dazu, sich mit eigenen ökumenischen Vorstellungen an Kirchenleitungen oder überregionale ökumenische Gremien zu wenden. Gleiches gilt für den wachsenden Mut, gemeinsame Stellungnahmen zu Problemen in Nordrhein-Westfalen abzugeben, gemeinsam öffentlich – auch liturgisch – aufzutreten (z.B. auf Kirchentagen) oder gemeinsam in Zeugnis und Dienst zu handeln. In den folgenden Kapiteln über die inhaltliche Arbeit der ACK-NRW werden diese Zusammenhänge an konkreten Beispielen transparent.

1.1 Publikationen

Mit der ACK-NRW erhielten die Kirchen der Region also erstmals ein institutionalisiertes Gremium, in dem sie ihre theologischen Prinzipien, ihr Verständnis von Kirche und Liturgie bzw. Spiritualität oder ihre praktische Arbeit in den Gemeinden *austauschen* konnten. Das geschah nicht nur auf den Mitgliederversammlungen, sondern vollzog sich auch in den *ACK Ökumenischen Mitteilungen*, so

Einblicke in das jeweilige konfessionelle Selbstverständnis ermöglichten in vorbildlicher Weise auch die – in dieser Form einmaligen – Synopsen der ACK-NRW zur Taufe und zum Abendmahl. Im Jahr 1993 erschien die so genannte *Abendmahlssynopse* „Christliche Kirchen feiern das Abendmahl"[23]. Sie war durch eine ausführliche Umfrage bei allen Mitgliedskirchen entstanden und konnte so einen synoptischen Vergleich des jeweiligen Abendmahlsverständnisses und der jeweiligen Abendmahlspraxis bieten. Zehn Jahre später erschien die so genannte *Taufsynopse* „Christliche Kirchen feiern die Taufe"[24]. Auf der Grundlage einer gleichermaßen ausführlichen Umfrage enthielt sie den Vergleich des jeweiligen Taufverständnisses und der jeweiligen Tauftraditionen. So vermochten beide Publikationen das gegenseitige Verständnis sowohl theologisch als auch spirituell und praktisch zu fördern.

Im Jahr 2010 ist für die ACK-NRW außerdem vom Verfasser des vorliegenden Bandes erstmals eine Publikation über die Geschichte, die Gegenwart und die Zukunft der ACK-NRW erstellt worden: *„Von der gemeinsamen Hoffnung Zeugnis geben. Lebendige Ökumene in Nordrhein-Westfalen"*[25]. In diesem Band wird nicht nur die Geschichte der ACK-NRW durch eine Abhandlung und durch

dass die Geschichte, das Selbstverständnis und das Leben der verschiedenen Mitgliedskirchen und Gemeinschaften zugleich für die Gemeindeglieder im ACK-Bereich präsent wurden.[21] 1983 erschien das erste *Faltblatt der ACK-NRW*, in dem sich die Mitgliedskirchen in der genannten Weise kurz vorstellten. Nach mehreren Neuauflagen ist das aktuelle „Faltblatt" aus dem Jahr 2010 bereits zu einem kleinen Bändchen geworden, das einen guten Einblick in das Selbstverständnis der 28 Mitgliedskirchen und der 6 Kirchen mit Gaststatus gewährt.[22]

21 Vgl. z.B. die konfessionellen Selbstdarstellungen in: Ökumenische Mitteilungen 41/1975, S. 5 ff. – Zu den „ACK Ökumenischen Mitteilungen" siehe S. 16 und Anm. 7.
22 Alle relevanten Informationen über die ACK-NRW und ihre Mitgliedskirchen sind auch über die Internetseite der ACK-NRW zu erhalten: www.ack-nrw.de.

23 N. Beer (Hg.): Christliche Kirchen feiern das Abendmahl. Eine vergleichende Darstellung, Kevelaer/Bielefeld 1993.
24 M. Kappes/E. Spiecker (Hg.): Christliche Kirchen feiern die Taufe. Eine vergleichende Darstellung, Kevelaer/Bielefeld 2003.
25 Von der gemeinsamen Hoffnung Zeugnis geben. Lebendige Ökumene in Nordrhein-Westfalen, hg. für die Arbeitsgemeinschaft Christlicher Kirchen in Nordrhein-Westfalen von Michael Kappes, Kevelaer/Bielefeld 2010.

Ökumenische Regionalkonferenz 1973, u.a. mit Pfarrer Heinrich Brüggemann/Dortmund, ev. (rechts).

Interviews mit Pionieren dieser Arbeitsgemeinschaft zum ersten Mal aufgearbeitet, sondern es
werden auch gelungene Beispiele multilateraler
Ökumene aus verschiedenen lokalen Arbeitsgemeinschaften in Nordrhein-Westfalen vorgestellt,
um auf dieser Basis Perspektiven für die Zukunft
aufzuzeigen.

1.2 Mitgliederversammlungen

Dass für den von Anbeginn der ACK-NRW bestehenden methodischen Schwerpunkt gegenseitiger Wahrnehmung *die theologische, die spirituelle
und die praktische Dimension* zusammengehören,
ließ bereits die erste gemeinsame Regionaltagung
nach der Gründung der ACK-NRW in Iserlohn
1973 erkennen, auf der die Weltökumene den inhaltlichen Impuls gab. In Vorbereitung auf die 5.
ÖRK-Vollversammlung (Nairobi 1975), die in der

Russisch-orthodoxe Bischöfliche Liturgie (Düsseldorf).

konziliaren Einheit die Strukturen kirchlicher Einheit suchte, beschäftigten sich die Delegierten mit den verschiedenen Dimensionen von Konziliarität. Diese betreffen neben dem Kirchenverständnis auch das gemeinsame Verständnis von Gottesdienst und Weltverantwortung. Denn *konziliare Gemeinschaft* vor Ort bedeutet nach Ansicht der Delegierten auch, sich gegenseitig zu *Gottesdiensten* einzuladen, um den jeweiligen spirituellen Reichtum kennenzulernen. Weil sich in jedem Gottesdienst „die Einheit der Kirche Jesu Christi zur Ehre Gottes und zum Heil der Welt" vollziehe, sei „jeder Gottesdienst, der im Geiste Jesu Christi gefeiert wird, ökumenisch"[26]. Deshalb empfehlen die Delegierten den Mitgliedskirchen, die regelmäßige Feier ökumenischer Gottesdienste zu unterstützen (z.B. in der Gebetswoche für die Einheit der Christen) und die gegenseitige Einladung zu Gottesdiensten zu fördern sowie Hindernisse im Blick auf die Eucharistiegemeinschaft zu überwinden. Zugleich weisen sie unter dem Stichwort „Gottesdienst – Solidarität mit der Welt" darauf hin, dass die gottesdienstliche Sammlung unter die Gnade und Barmherzigkeit Gottes die Sendung in die Welt impliziert, in der besonders die Armen barmherziger Zuwendung bedürfen. Das gelte für die gemeinsame diakonische Verantwortung vor Ort ebenso wie für den gemeinsamen Einsatz für globale Gerechtigkeit.

Aus diesem differenzierten Zugang zu den vielfältigen Dimensionen des Gottesdienstes erwuchs die spätere Praxis der ACK-NRW, zwar auch Gottesdienste nach einer gemeinsamen ökumenischen

Liturgie zu feiern (z.B. Lima-Liturgie), aber dennoch immer wieder eine der Konfessionen zu bitten, auf den Mitgliederversammlungen zum Gottesdienst ihrer spezifischen Liturgie einzuladen, um den spirituellen Reichtum gegenseitig erfahren zu können. Zugleich dienten die Gottesdienste als Grundlage der gemeinsamen Feier von Umkehr und Versöhnung, um die mit der Trennung verbundene Schuld zu überwinden und Wege versöhnter Gemeinschaft zu finden.[27]

Die gegenseitige Wahrnehmung der jeweiligen *praktischen* ökumenischen Zusammenarbeit vor Ort in Zeugnis und Dienst ermöglicht wiederum der inzwischen auf den Frühjahrs- und Herbsttagungen institutionalisierte Austausch unter den lokalen ACKs. Der *theologische* Austausch erfolgt auf den Mitgliederversammlungen durch qualifizierte Referenten und intensive Diskussionen, was die gegenseitige Befruchtung von weltweiten und lokalen ökumenischen Fortschritten fördert.

---

26 So lautet es in den Empfehlungen, welche die Mitglieder der Regionaltagung verabschiedeten. Siehe: Ökumenische Mitteilungen 31/1973, S. 4. Zu den folgenden Ausführungen vgl. ebd., S. 4 ff.

27 Zur ökumenischen Bedeutung von Umkehr und Versöhnung vgl. M. Haudel [u.a.]: Umkehr ökumenisch feiern. Theologische Grundlagen und Praxismodelle, Frankfurt (M.)/Paderborn 2011. Vgl. ferner M. Haudel: Das evangelische Buß-, Beicht- und Versöhnungsverständnis in ökumenischer Perspektive, in: Kerygma und Dogma 56 (2010), S. 299–322. – Auf etlichen Mitgliederversammlungen zwischen 1983 und 1988 wurde auch das theologische Verständnis von Gottesdienst in ökumenischer Perspektive aus der Sicht der jeweiligen Mitgliedskirchen referiert und diskutiert.

3. Vollversammlung des ÖRK, Neu-Delhi 1961: Willem A. Visser `t Hooft, Rajkumari Amrit und Kaur Jawaharlal Nehru (v.r.n.l.). (Quelle: www.wcc-assembly.info/uploads/pics/ew_delhi_03.jpg)

2. Empfehlung zur Gründung lokaler Arbeitsgemeinschaften

Um die so ermöglichten ökumenischen Fortschritte an vielen Orten Nordrhein-Westfalens umsetzen zu können, beschloss die Mitgliederversammlung 1976 in Dortmund-Brakel eine „Empfehlung zur Gründung lokaler ACKs". Dabei nahm man Empfehlungen des römischen Sekretariats für die Einheit der Christen sowie theologische Impulse der 3. ÖRK-Vollversammlung (Neu-Delhi 1961) auf, die zur sichtbaren Einheit der Kirchen aufgerufen hatte, „indem alle an jedem Ort, die in Jesus Christus getauft sind und ihn als den Herrn und

Heiland bekennen, durch den Geist in eine völlig verpflichtete Gemeinschaft geführt werden"[28].

Diesem Ziel dienen laut der ACK-Empfehlung die lokalen nordrhein-westfälischen „Arbeitsgemeinschaften in umfassender Weise der Wahrnehmung der gemeinsamen christlichen Verantwortung. Sie geben Zeugnis von der schon zwischen den Kirchen bestehenden Einheit und zielen hin auf das kontinuierliche Wachstum und die Vervollkommnung

28 F. Lüpsen (Hg.): Neu Delhi Dokumente. Berichte und Reden auf der Weltkirchenkonferenz in Neu Delhi 1961, Witten ²1962, S. 65.

Mitgliederversammlung der ACK-NRW von 1976, auf der die „Empfehlung zur Gründung lokaler ACKs" beschlossen wurde: hinten v.l. Prof Dr. Aloys Klein (Erzbistum Paderborn), Landeskirchenrat Ernst Brinkmann (EKvW)/Vorsitzender, am Pult Bischof Heinrich Tenhumberg (Bistum Münster); rechts: 1.v.r. Pfarrer Hans-Martin Linnemann (Dortmund, ev.), 2.v.r. Pfarrer Rudolf Asselmeyer (Hagen, ev.). (Foto: LkA EKvW 25 F 210 [Kirchlicher Anzeiger Dortmund])

kirchlicher Einheit. Wie schon in der Vergangenheit erweisen sich die Arbeitsgemeinschaften als vorzügliche Werkzeuge für die ökumenische Zusammenarbeit." Durch sie „nehmen sich die Kirchen und kirchlichen Gemeinschaften durch ein Netz von lokalen Arbeitsgemeinschaften gegenseitig und kontinuierlich in die ökumenische Pflicht"[29]. Es soll sich dabei um multikonfessionelle Gremien auf der Ebene von Mittel- und Großstädten oder ländlichen

Regionen handeln, die in ihrer Zusammensetzung und Aufgabenstellung den jeweiligen örtlichen Gegebenheiten anzupassen sind. Die bereits genannte „Orientierungshilfe" der Bundes-ACK „über die Grundlagen der ökumenischen Zusammenarbeit in den Arbeitsgemeinschaften Christlicher Kirchen auf nationaler, regionaler und lokaler Ebene"[30] (1998) präzisiert diese Empfehlungen und bietet Mustersatzungen sowie Aufnahmekriterien für lokale ACKs, die aus den oben erörterten „Grundsätzen" der ACK-NRW schon hervorgingen.

29 Empfehlungen der Arbeitsgemeinschaft christlicher Kirchen in NRW zur Gründung lokaler Arbeitsgemeinschaften christlicher Kirchen, in: Ökumenische Mitteilungen 44/1977, S. 17 f.

30 Die Orientierungshilfe findet sich auf der ACK-NRW-Webseite: www.ack-nrw.de.

Lokale ACK in Bochum, 20.6.1975: v.l. Stadtdechant Propst Vogt (rk.), Major Kothe (Heilsarmee), Frau Lutter (action 365), Gemeindeleiter Bals (Baptist), Superintendent Werbeck, Pfarrer Dr. Stolte (Selbst. Ev.-luth. Kirche), Pastor Stephan (Ev.-meth. Kirche). (Foto: Gerhard Brühmann [LkA EKvW 25 F 198])

Dass man mit den lokalen ACKs große Hoffnungen verband, lag an den guten Erfahrungen mit den bereits existierenden lokalen Arbeitsgemeinschaften. Die Orts-ACKs in Dortmund und Soest, die schon 1969 als erste westfälische ACKs offizielle Satzungen erstellt hatten, können hier mit ihren vielfältigen Aktivitäten auf der Ebene theologischer und praktischer Zusammenarbeit als Beispiel genannt werden – von internationalen ökumenischen Symposien in Soest bis zu ökumenischen Freiluft-gottesdiensten im Dortmunder Westfalenpark.[31] Die inzwischen 37 lokalen Arbeitsgemeinschaften in Nordrhein-Westfalen dienen dazu, zunehmend verbindlichere Formen der Gemeinschaft im Glauben, im Gottesdienst, im gemeinsamen Zeugnis, in missionarischer Verantwortung und in der Weltverantwortung zu finden.

31 Vgl. zu den Aktivitäten in Soest und Dortmund: Ökumenische Mitteilungen 44/1977, S. 25 f. und 37 f.

„Rechenschaft über die Hoffnung, die in uns ist"

Vor einiger Zeit forderte der Weltkirchenrat Christen und Kirchen in zahlreichen Ländern auf, zu artikulieren, worin die Hoffnung besteht, die uns in Jesus Christus gegeben ist. Viele Gruppen und Einzelne haben sich bereits dazu geäußert. Andere sind noch bei der Arbeit.
Auch die Arbeitsgemeinschaft christlicher Kirchen in Nordrhein-Westfalen hat eine Gruppe beauftragt, eine Stellungnahme zu erarbeiten. Nachstehend veröffentlichen wir den Text dieser Stellungnahme:

I. „BIBLISCHER BEFUND" — GRUNDLAGEN

1. Die christliche Hoffnung gründet sich auf den einen Gott, der Jesus Christus von den Toten auferweckt hat und durch ihn Zeichen seiner Herrschaft setzte.

2. Das Kreuz Jesu Christi eröffnet den Zugang zu Gott und seinem Reich allen Menschen. Alle anderen Wege (Erkenntnis, Gesetz, Versenkung, „aus eigener Vernunft und Kraft" usw.), die hier versucht werden, sind von daher für ungültig erklärt.

3. Gott hat sich zur Botschaft, zu den Zeichen, zum Leiden und Sterben Jesu als seinem eigenen Werk und Weg bekannt. Durch die Auferstehung von den Toten hat Gott an Jesus erwiesen, daß die Hoffnung nicht sterben und der Tod den Zugang nicht verwehren kann.

4. Die Begegnungen mit dem Auferstandenen gaben den Zeugen die Gewißheit, daß sie zur Teilnahme an diesem Reich berufen sind. Der Auftrag des auferstandenen Christus (Matth 28, 18-20) verweist seine Boten an alle Menschen, um auch ihnen das Reich zu verkündigen und zu ermöglichen.

5. Wer dieser Botschaft glaubt, wird eingegliedert in die eine Kirche Jesu Christi, die von der Zusage lebt, daß sie sein Leib ist und an seinem Leben teilnimmt und damit auch Träger der Hoffnung ist.

6. In der Taufe setzt Gott schon jetzt den Anfang dieses neuen Lebens, indem er uns aus der Entfremdung in seine Nähe holt und uns die Dimension der Hoffnung in Christus eröffnet. Die Taufe ist Zeichen und Siegel dafür, daß „der Heilige Geist Zeugnis gibt unserem Geist, daß wir Gottes Kinder sind".

7. Ebenso schenkt sich Jesus Christus schon jetzt selbst in seinem Heiligen Mahl den Seinen als Wegzehrung auf dem Weg zum ewigen Leben. Durch die leibhaftige Gegenwart Christi in Brot und Wein wird uns die Gemeinschaft mit ihm zuteil. Wir erleben darin die Liebe des Vaters zu seiner Welt und werden der Zweifel und der Sorgen um das eigene Heil enthoben. Ebenso erleben wir die „communio sanctorum", die Gemeinschaft der Heiligen, die uns verbunden sein läßt mit denen, die uns im Glauben vorausgegangen sind, und denen, die noch nach uns kommen werden. Im Essen und Trinken des Leibes und Blutes Christi hören wir nicht auf, Menschen zu sein, werden aber verändert zu einem neuen Leben aus der Hoffnung auf die uns verheißene Zukunft. Durch dieses Handeln Gottes wird die innere Einheit von Glaube und Hoffnung deutlich, durch die die Liebe zu Gott und zu den Brüdern hervorgerufen wird.

8. Insofern ist die christliche Hoffnung eine Hoffnung auf das, was wir nicht sehen; doch wird sie genährt durch das, was Gott selber uns sichtbar und hörbar macht, so daß sie sichtbare und hörbare Auswirkung hat auf das So-Sein menschlicher Existenz und ihre Ausrichtung auf die Gemeinschaft mit dem, der als der Kommende schon jetzt handelt und uns in die Gemeinschaft mit den Brüdern stellt.

9. Daß kein menschliches Wort hinreicht, um das auszusprechen, was kein Auge gesehen und kein Ohr gehört hat und in keines Menschen Sinn gekommen ist, daß noch nicht erschienen ist, was wir sein werden, schließt doch aus, daß wir sagen dürfen: „Wir wissen aber, daß wir, wenn er erscheinen wird, ihm gleich sein werden, denn wir werden ihn sehen, wie er ist" (1. Joh 3, 2).

10. Da Gott den Menschen als sein freies Gegenüber geschaffen hat, erliegen wir oft der Versuchung, unsere Freiheit zum Nein gegen Gott zu mißbrauchen, was sowohl ein gestörtes Verhältnis zu Gott und zu den Brüdern hervorruft als auch die Notwendigkeit, uns Hoffnungen selber zu schaffen, die durch einen Panhumanismus oder durch andere Utopien gekennzeichnet sind. Diese Hoffnungen, da sterblich, können nicht zum Leben erwecken, da nur „die göttliche Macht fähig ist, eine Hoffnung entstehen zu lassen, da, wo keine Hoffnung mehr besteht, und einen Weg ins Unmögliche zu finden".

11. Da die christliche Hoffnung durch das „schon jetzt" umfangen bleibt, hat sie über menschliches Begreifen hinaus eine umspannende Wirkung auf die Vergangenheit, Gegenwart und Zukunft jeder menschlichen Existenz.

12. Das heißt konkret: Die christliche Hoffnung wird sichtbar und hörbar in Gottesdienst und Kirche. Die Gemeinde antwortet auf die Zusage und Verheißung Gottes durch Lob, Anbetung, Dank und Fürbitte. Die Formeln dieser Antwort sind verschieden (Lied, Hymnus, freies oder formuliertes Gebet, Schweigen, Meditation, Bewegung . . .), aber immer Ausdruck der einen Hoffnung, die Gott schenkt. Sie nimmt das Wort Jesu Christi auf: „Was ihr getan habt einem unter diesen meinen geringsten Brüdern, das habt ihr mir getan". Als Ausdruck der Gemeinschaft mit ihm und zugleich mit den Brüdern im Geiste der christlichen Hoffnung. Da Gott gegenüber seiner Schöpfung Langmut übt, ist christliches Handeln charakterisiert durch Geduld, Erfahrung und Hoffnung (Röm 5).

13. Dies bedeutet für die Gemeinschaft der Christen und der Kirchen, die Ökumene: Die Trennung der Kirchen verdunkelt das Zeugnis von der einen christlichen Hoffnung (Joh 17).
Das Bemühen der Kirchen um Annäherung fördert die Verkündigung und Glaubwürdigkeit der christlichen Hoffnung. In diesem Zusammenhang steht der Dialog der Kirchen als Frucht des Heiligen Geistes unter der Verheißung Jesu Christi (Matth 18, 19).

14. Jede Gemeinde ist berufen, am neuen Sein in Jesus Christus teilzuhaben durch die Feier der Sakramente, und ist von daher befähigt, an der

Ökumenische Mitteilungen Nr. 39/1975, S. 6–7.

3. Kirchliche Einheit und kirchliche Weltverantwortung

Die ökumenischen Hoffnungen der wachsenden ACK-NRW bündelten sich drei Jahre nach ihrer Entstehung in einer Stellungnahme der ACK-NRW zur *Rechenschaft über die Hoffnung, die in uns ist*. Unter diesem Titel hatte die Kommission für Glauben und Kirchenverfassung des ÖRK eine weltweite und multilaterale Studie angelegt und die Kirchen gebeten, aus ihrer Sicht dazu Stellung zu nehmen. So bot sich der ACK-NRW nun auch umgekehrt die Chance, Impulse an die Weltökumene weiterzugeben. Die 1975 in den Ökumenischen Mitteilungen veröffentlichte Stellungnahme enthält die Rechenschaft über die Hoffnung, welche an dem Ziel der sichtbaren Einheit des einen Leibes Christi festhält, weil dessen Zeugnis durch die Trennungen verdunkelt wird: „Das Bemühen der Kirchen um Annäherung fördert die

Verkündigung und Glaubwürdigkeit der christlichen Hoffnung."[32] Weil sich diese Hoffnung auf das Heil der gesamten Schöpfung beziehe, seien die Christen bzw. Kirchen auch zu gemeinsamer Weltverantwortung verpflichtet – ob im diakonischen Dienst vor Ort oder im strukturellen Einsatz für weltweite Gerechtigkeit und Frieden. Zur Konkretisierung werden einige Beispiele aus der nordrhein-westfälischen Ökumene genannt: zum Beispiel ein offenes Privathaus als ökumenisches „Seelsorgezentrum" oder eine ökumenische „Shalom"-Teestube für die Vermittlung der Probleme in einem Dortmunder Neubaugebiet mit der weltweiten Frage nach Frieden und Gerechtigkeit.

Vor diesem Hintergrund beschäftigte sich die ACK-NRW auch schon in ihren ersten Jahren sowohl mit kirchlichen *Einheitskonzepten* als auch mit ethischen Herausforderungen der Kirchen. Nachdem man sich zunächst mit dem Konzept der organischen bzw. strukturell vollkommenen Kircheneinheit auseinandergesetzt hatte, das mit dem Aufruf der 3. ÖRK-Vollversammlung (Neu-Delhi 1961) zur sichtbaren Einheit „aller an jedem Ort" verbunden war, beschäftigte man sich später mit dem differenzierteren Modell der *konziliaren Gemeinschaft*, das gemäß der 5. ÖRK-Vollversammlung (Nairobi 1975) Kirchengemeinschaft durch konziliare Zusammenarbeit auf allen Ebenen er-

möglichen soll. Auf der Mitgliederversammlung 1978 in Mülheim wurde dann noch das Modell der „*Versöhnten Verschiedenheit*" diskutiert, das der Lutherische Weltbund 1977 auf seiner 6. Vollversammlung in Daressalam vorgestellt hatte und das eine bedeutend stärkere Beibehaltung konfessioneller Eigentümlichkeiten ermöglichte.

Da sich diese Modelle teilweise widersprachen, versuchte der ÖRK auf seiner 7. Vollversammlung (Canberra 1991) mit dem Rückgriff auf den griechischen neutestamentlichen Begriff für Gemeinschaft (Koinonia) allen Kirchen ein Einheitskonzept anzubieten, das auf das neutestamentliche Verständnis von Einheit zurückgeht: „Die Einheit der Kirche als Koinonia: Gabe und Berufung"[33]. Im Neuen Testament ist die Gemeinschaft der Glaubenden in deren vielfältiger Beziehung zu Gott dem Vater, dem Sohn und dem Heiligen Geist verankert (vgl. z.B. I Kor 12,4–6; Eph 4,4–6; Joh 17,20 ff.), so dass sich erkennen lässt, welche *Aufgabe* sich aus der *Gabe* der Gemeinschaft mit Gott ergibt: Wie innerhalb der lebendigen Gemeinschaft der Liebe von Gott Vater, Sohn und Heiligem Geist die Einheit durch Vielfalt bereichert wird und dennoch vollkommene Einheit herrscht, so soll auch die in

32 Siehe die Stellungnahme in: Ökumenische Mitteilungen 39/1975, S. 6–17, hier S. 7. Die ÖRK-Studie wurde 1978 auf der Kommissionssitzung von „Glauben und Kirchenverfassung" abgeschlossen. Vgl. das Schlussdokument der Studie in: G. Müller-Fahrenholz (Hg.): Bangalore 1978. Sitzung der Kommission für Glauben und Kirchenverfassung. Berichte, Reden, Dokumente (= Beiheft zur Ökumenischen Rundschau 35), Frankfurt (M.) 1979, S. 51–60.

33 Vgl. W. Müller-Römheld (Hg.): Im Zeichen des Heiligen Geistes. Bericht aus Canberra 1991. Offizieller Bericht der Siebten Vollversammlung des Ökumenischen Rates der Kirchen. 7. bis 20. Februar 1991 in Canberra/Australien, Frankfurt (M.) 1991, S. 173–176, wo der erste Entwurf dieses von „Glauben und Kirchenverfassung" entwickelten Konzepts dokumentiert ist, das auf der 5. Weltkonferenz von „Glauben und Kirchenverfassung" (Santiago de Compostela 1993) weiterentwickelt wurde und in die aktuelle Studie von „Glauben und Kirchenverfassung" zum Kirchenverständnis (Ekklesiologie-Studie) einging. – *Bei „Glauben und Kirchenverfassung" ist die katholische Kirche seit 1968 offizielles Mitglied.*

Gott verankerte Gemeinschaft der Christen von dieser *Einheit* in Vielfalt geprägt sein. Dieses Konzept ist verheißungsvoll, weil viele Konfessionsfamilien in den letzten Jahrzehnten ihr Kirchenverständnis zunehmend mit Hilfe des trinitarisch begründeten Gemeinschafts- bzw. Communio-Begriffs definierten (so z.B. das Zweite Vatikanische Konzil). Zugleich bietet das *Koinonia-Konzept* den Vorteil, dass es die verschiedenen Vorstufen von interkonfessioneller Gemeinschaft – wie etwa die in der ACK-NRW gelebte Gemeinschaft – auf dem Weg zur vollkommenen sichtbaren Gemeinschaft der Kirchen mit einbeziehen kann, weil sich Gemeinschaft (Koinonia) auf verschiedenen Stufen weiterentwickelt. Im Vorfeld und der Nachberichterstattung der 5. Weltkonferenz für Glauben und Kirchenverfassung (Santiago de Compostela 1993), auf der dieses Konzept weiterentwickelt wurde[34], nahm die ACK-NRW das Koinonia-Konzept erstmals zur Kenntnis, ohne sich jedoch weiter intensiv damit zu beschäftigen. Hier liegt noch ein *verheißungsvolles Potenzial für die Zukunft*.

Bei ihrer Auseinandersetzung mit kirchlichen Einheitsstrukturen trat für die ACK-NRW unweigerlich das Problem der gemeinsamen *Weltverantwortung* ins Blickfeld, weil die Erneuerung der Kirche ihrem glaubwürdigen Einsatz für die Erneuerung der Menschheit dient. Mit dieser Einsicht wur-

den die Mitgliedskirchen zum einen durch ihre ethischen und diakonischen Herausforderungen konfrontiert – wie etwa bei ihrem gemeinsamen Einspruch bei der Landesregierung für das Bleiberecht von im Heimatland bedrohten christlichen Minderheiten[35]. Zum anderen führten Impulse aus der Bundes-ACK zur Auseinandersetzung mit dieser Problematik, so dass sich erneut der gegenseitige Austausch von regionaler, nationaler und internationaler Ökumene vollzog. Die in Kooperation mit der Bundes-ACK veranstalteten Regionaltagungen von 1979 (Hamminkeln) und 1980 (Georgsmarienhütte) beschäftigten sich mit den Themen „Ethische Fragen als ökumenisches Problem – Verantwortung für das Leben" (1979) und „Dein Reich komme – wie sehen die Kirchen ihre Verantwortung in der Welt?" (1980). Es ging um die gemeinsame Beurteilung, was das „Ja" Gottes zum Leben für die christliche Verantwortung zum Schutz des Lebens bedeutet – auch im Blick auf das ungeborene Leben. Ferner setzte man sich mit der Problematik gesellschaftlicher Werte und mit der Verantwortung für die Schöpfung sowie für soziale Gerechtigkeit auseinander (z.B. „Neuer Lebensstil").[36] Dabei wurde ersichtlich, dass gerade in ethischen Fragen *nichttheologische Faktoren* wie die unterschiedlichen politischen und soziologischen Weltdeutungen oder die verschiedenen Mentalitäten divergierende Beurteilungen hervorrufen, die quer zu den Grenzen der Konfessionen verlaufen können.

---

34 Vgl. M. Haudel: Die Einheit der Kirchen als Koinonia (Gemeinschaft)? Chancen und Probleme des jüngsten ökumenischen Einheitskonzepts, in: Ökumenische Rundschau 55 (2006), S. 482–501. – Vgl. ferner ders.: Vergessene Kriterien. Hermeneutische Kriterien für die Weiterentwicklung des Koinonia-Konzepts, in: Ökumenische Rundschau 43 (1994), S. 292–304. – Der Verfasser hat die EKD auf der 5. Weltkonferenz für Glauben und Kirchenverfassung vertreten.

35 Vgl. die Akten des Geschäftsführenden Ausschusses von 1994 (s. Anm. 12).

36 Vgl. die Akten zu den genannten Regionalversammlungen sowie die entsprechenden Beiträge in: Ökumenische Mitteilungen 48/1979, S. 20 f.; und 49+50/1980, S. 20–35.

Die gegenseitige Befruchtung von Orts- und Weltökumene: Eröffnungsgottesdienst der ersten gemeinsamen Weltkonsultation der ÖRK-Zweige „Glauben und Kirchenverfassung" und „Weltmission und Evangelisation" im orthodoxen Kloster Höxter-Brenkhausen am 9. Juli 2000 (von links): der Ökumene-Sekretär der Katholischen Bischofskonferenz Prof. Alois Klein, der koptisch-orthodoxe Bischof für Deutschland, Anba Damian, der koptisch-orthodoxe Bischof für Afrika, Paul, und Pfarrer Dr. Matthias Haudel als Vertreter der Evangelischen Kirche in Deutschland.

Die mit diesen Einsichten verbundene Diskussion wurde in der ACK-NRW zu der Zeit geführt, als die Kommission für Glauben und Kirchenverfassung die Initiierung ihrer Studie „Die Einheit der Kirche und die Erneuerung der menschlichen Gemeinschaft"[37] vorbereitete, die auch besonders die nichttheologischen Faktoren beachten sollte. An diesem Beispiel tritt die gegenseitige Befruchtung der verschiedenen ökumenischen Ebenen – und damit die Bedeutsamkeit einer Institution wie der ACK-NRW – ein weiteres Mal hervor. Wie bedeutsam der Austausch der verschiedenen ökumenischen Ebenen ist, kam in besonderer Weise zum Vorschein, als die gemeinsamen ethischen Herausforderungen noch drängender wurden.

37 Vgl. H.-G. Link (Hg.): Schritte zur sichtbaren Einheit. Lima 1982. Sitzung der Kommission für Glauben und Kirchenverfassung. Berichte, Reden, Dokumente (= Beiheft zur Ökumenischen Rundschau 45), Frankfurt (M.) 1983, S. 6, 212 f. – Vgl. auch das Abschlussdokument der Studie: Kirche und Welt. Die Einheit der Kirche und die Erneuerung der menschlichen Gemeinschaft. Studiendokument der Kommission für Glauben und Kirchenverfassung, Frankfurt (M.) 1991.

4. Neue globale Herausforderungen: Gerechtigkeit, Frieden und Bewahrung der Schöpfung

Angesichts der immer größer werdenden Kluft zwischen Industrie- und Entwicklungsländern, der Gefahr der Auslöschung allen Lebens durch das atomare Waffenpotenzial sowie der wachsenden Ausbeutung und Zerstörung der Umwelt stehen „alle Christen an jedem Ort" vor immensen globalen Herausforderungen. Diese Einsicht entwickelte sich überkonfessionell auf lokaler, regionaler und globaler Ebene. Es trat ins Bewusstsein, welche Verantwortung und Verpflichtung der Christenheit aufgrund ihrer weltweiten Verbreitung zukommt. Denn würden die Christen die Gabe ihrer Gemeinschaft ernst nehmen, hätten sie die Chance eines globalen weltverantwortlichen Wirkens, das sich unabhängig von nationalen, ethnischen, kulturellen oder wirtschaftlichen Interessen in den Dienst christlicher Nächstenliebe stellt.[38] In Wahrnehmung dieser Verantwortung gingen seit Mitte der 80er Jahre – begleitet von der Arbeit lokaler Umwelt-, Friedens- oder Dritte-Welt-Gruppen – Initiativen von der nationalen, europäischen und weltweiten Ökumene aus, die zum *Konziliaren Prozess für Gerechtigkeit, Frieden und Bewahrung der Schöpfung* führten. Der ÖRK rief die Kirchen auf seiner 6. Vollversammlung in Vancouver (1983) dazu auf, im Blick auf die genannten Themen mit dem ÖRK in einem konziliaren Prozess zu einem Bund zusammenzufinden. Das geschah nicht zuletzt im Sinne des Aufrufs von Dietrich Bonhoeffer, der

1934 alle Kirchen zu einem ökumenischen Konzil des Friedens zusammenrufen wollte. Carl Friedrich von Weizsäcker wiederholte dieses Anliegen 1985 auf dem Deutschen Evangelischen Kirchentag in Düsseldorf und der ÖRK lud dann 1987 alle Kirchen zu einer Weltversammlung über Gerechtigkeit, Frieden und Bewahrung der Schöpfung ein. Denn es bestand kein Zweifel darüber, dass Frieden ohne Gerechtigkeit und einen angemessenen Umgang mit der Schöpfung, der gleiche Chancen für alle gewährt, nicht zu erreichen ist. Dass es dann in kürzester Zeit zu einem von allen Konfessionsfamilien getragenen „Konziliaren Prozess für Gerechtigkeit, Frieden und Bewahrung der Schöpfung" kam, der nach zahlreichen Treffen auf verschiedenen Ebenen in der Weltversammlung von Seoul (1992) gipfelte, bezeugt, wie sich die multilateralen ökumenischen Strukturen bewährt haben.

Das gilt auch für die ACK-NRW, die für das Gelingen dieses Prozesses auf deutscher und europäischer Ebene einen nicht unwesentlichen Beitrag geleistet hat. Sie hatte sich bereits auf ihren Mitgliederversammlungen in Krefeld (1984), Lage-Hörste (1987) und Freckenhorst (1989) mit der Thematik von Vancouver und dem dadurch angestoßenen Prozess beschäftigt. Nicht zuletzt war man auch durch die Probleme in Nordrhein-Westfalen dazu herausgefordert, welche sich in der multikulturellen Zusammensetzung der Bevölkerung in der Industrieregion (Gastarbeiter) und dem späteren wirtschaftlichen Strukturwandel äußerten. Angesichts der Spannungen zwischen mehr an struktureller Einheit und mehr an Weltverantwortung interessierten Ökumenikern, die auch in den Mitgliedskirchen der ACK-NRW auftraten, bot die ACK-NRW mit einer „Konsultation für Gerechtigkeit, Frieden und Bewahrung der Schöpfung" 1988 in

---

38 Zu den Kriterien einer angemessenen ethischen Ausrichtung der Kirchen in ökumenischer Perspektive vgl. M. Haudel: Das Verhältnis von Gesetz und Evangelium als innerprotestantische und interkonfessionelle Herausforderung, in: Kerygma und Dogma 53 (2007), S. 230–249.

Ökumenische Versammlung Westfalen, Dortmunder Westfalenhalle 1988: (v.r.n.l.) am Mikro Präses Hans-Martin Linnemann (EKvW), Bischof Reinhard Lettmann (Bistum Münster), Metropolit Augoustinos und Erzbischof Kyrill von Smolensk, heutiger Patriarch der russisch-orthodoxen Kirche.

Münster allen Mitgliedskirchen und Initiativen ein Forum der Aussprache und Verständigung. Durch die Einsicht, dass kirchliche Einheitsbemühungen und gemeinsame Weltverantwortung untrennbar zusammengehören, gelang es, einen gemeinsamen Weg in diesem Prozess zu eröffnen.[39] Die bisherige vertrauensvolle multilaterale Zusammenarbeit in der ACK-NRW hatte das ermöglicht.

39 Vgl. zu dieser Konsultation: ACK Ökumenische Mitteilungen 68/1988, S. 7–12.

Der gemeinsame Weg führte dann auf regionaler Ebene zur „Ökumenischen Versammlung Westfalen", zu der die Evangelische Kirche von Westfalen (EKvW) unter dem biblischen Thema „Und richte unsere Füße auf den Weg des Friedens" 1988 in die Dortmunder Westfalenhalle eingeladen hatte. Diese mit 25 000 Teilnehmern größte regionale Vorversammlung konnte die gemeinsame christliche Verantwortung angesichts der genannten globalen Herausforderungen auf verschiedene Weise kenntlich machen und fördern: durch Podien, ei-

„Soester Umgang für Frieden, Gerechtigkeit und Bewahrung der Schöpfung" (1988): Der Soester Umgang mit unzähligen Teilnehmern auf dem Weg von den Soester Wällen durch die Fußgängerzone – unter dem Kreuz: der katholische Vikar Wolfgang Bender, daneben mit dem Verlaufsplan in der Hand: der evangelische Pfarrer Matthias Haudel (St.-Petri-Pauli), der Initiator des Soester Umgangs.

nen „Markt der Möglichkeiten" und einen multilateralen ökumenischen Gottesdienst, der wie einiges andere auch von der ACK-NRW verantwortet wurde.[40]

In die Dortmunder Versammlung flossen auch bedeutende lokale Vorversammlungen wie der „Soester Umgang für Frieden, Gerechtigkeit und Bewahrung der Schöpfung" ein. Er führte alle Konfessionen

und Initiativgruppen unter großer Anteilnahme der Bevölkerung über die Soester Wälle um die Innenstadt (mit verschiedenen Stationen zur Thematik), und zwar in Anlehnung an mittelalterliche Bitt-Umgänge, die zu dringlichen Anlässen stattfanden (z.B. Friedensverträge).[41] Es gab aber auch lokale

40 Vgl. ACK Ökumenische Mitteilungen 69/1988, S. 2–9.

41 Vgl. M. Haudel (Hg.): Begleitmappe zum Soester Umgang für „Frieden, Gerechtigkeit und Bewahrung der Schöpfung" und zur weiteren Vorbereitung der Ökumenischen Versammlung Westfalen am 29. Oktober 1988 in der Dortmunder Westfalenhalle, Soest 1988.

Folgeveranstaltungen zur Dortmunder Versammlung, wie etwa die ökumenische Diözesanwallfahrt „Kehrt um, damit ihr lebt" 1990 in Münster, die mit 15 000 Teilnehmern in einer langen Prozession hinter dem „Aachener Friedenskreuz" herzog.[42] Auf nationaler Ebene folgte 1988 in Stuttgart das Ökumenische Forum der Bundes-ACK zum konziliaren Prozess mit einer Erklärung zu Themen wie nuklearer Abschreckung, Verbot von Waffenexport, Schuldenerlass für die Entwicklungsländer, Fremdenhass, Asyl, Gentechnologie oder Abtreibung. Die Konferenz Europäischer Kirchen (KEK) und der Rat Europäischer Bischofskonferenzen (CCEE) veranstalteten 1989 in Basel die europäische Vorversammlung. Dieser Prozess ging auch nach der Weltversammlung (Seoul 1992) mit der zweiten (Graz 1997) und dritten (Sibiu/Hermannstadt 2007) europäischen Versammlung weiter. In der ACK-NRW blieb die Themenstellung ebenfalls im Blick, zum Beispiel als man sich 1995 auf der Mitgliederversammlung in Münster als Verpflichtung aus dem konziliaren Prozess mit der Überwindung der Fremdenfeindlichkeit befasste.

42 Vgl. den Bericht in: ACK Ökumenische Mitteilungen 72/1990, S. 10–13.

Insgesamt hat die Einbindung der ACK-NRW in den konziliaren Prozess erneut die gegenseitige Befruchtung von regionaler und überregionaler Ökumene sowie die Bedeutung eines regionalen multilateralen ökumenischen Gremiums bestätigt, was der damalige Vorsitzende der ACK-NRW, Norbert Beer, in seinem 1989 vorgelegten Tätigkeitsbericht betonte, als er die Konsultation der ACK-NRW in Münster und die Ökumenische Versammlung Westfalen als wesentlichen Beitrag zur Vorbereitung und Durchführung des Stuttgarter Forums und der Baseler Versammlung bezeichnete.[43] Doch für die ACK-NRW gab es auch noch andere Herausforderungen, wie etwa die Auseinandersetzung mit zentralen theologischen Problemen hinsichtlich des Kirchenverständnisses, welche sich sowohl in der Weltökumene als auch an der Basis als Hindernisse auf dem Weg zu größerer Gemeinschaft erwiesen.

43 Vgl. ACK Ökumenische Mitteilungen 71/1989, S. 5. Die ACK-NRW hat die aus NRW kommenden Delegierten für Basel mit einem Bittgottesdienst in Dortmund entsandt.

IV. Die Auseinandersetzung mit grundlegenden Problemen des Kirchenverständnisses

Eine vergleichbare Bedeutung, wie sie dem konziliaren Prozess für die gemeinsame kirchliche Weltverantwortung zufällt, hat im Blick auf das gemeinsame Kirchenverständnis der Rezeptionsprozess der Konvergenz über *„Taufe, Eucharistie und Amt"*[44], die 1982 in Lima erzielt wurde. Mit dieser Konvergenz konnte die Kommission für Glauben und Kirchenverfassung die jahrzehntelange multilaterale Auseinandersetzung über drei zentrale ökumenische Probleme auf Ebene des ÖRK vorläufig zum Abschluss bringen, mit dem Ziel, zu weiteren ökumenischen Annäherungen in diesen Fragen zu motivieren. Die damit verbundene ökumenische Entwicklung spiegelt sich auch in der Arbeit der ACK-NRW wider, welche sich seit ihrer Entstehung diesen Problemen gewidmet hat und diese heute aufgrund wachsender Übereinstimmungen erneut aufgreift.

1. Eine Taufe – eine Kirche?

Die ökumenische Bewegung hat besonders viel Hoffnung in die gemeinsame Bezugnahme auf die Taufe gesetzt, insofern als die Taufe nach dem Zeugnis des Neuen Testament die Glaubenden in den einen Leib Christi eingliedert. Entsprechend kam der multilaterale Dialog in Lima zu dem Ergebnis: „Durch ihre eigene Taufe werden Christen in die Gemeinschaft mit Christus, miteinander und mit der Kirche aller Zeiten und Orte geführt. Unsere gemeinsame Taufe, die uns mit Christus im Glauben vereint, ist so ein grundlegendes Band der Einheit (Eph 4,3–6). Wir sind *ein* Volk und berufen, *einen* Herrn an jedem Ort und auf der ganzen Welt zu bekennen und ihm zu dienen."[45] Solche Formulierungen, die sich ähnlich auch beim Zweiten Vatikanischen Konzil (Ökumenismusdekret Nr. 22) und beim jüngsten Dialog über die Taufe zwischen dem Päpstlichen Einheitsrat und dem ÖRK (Kreta 2004)[46] finden, scheinen nahezulegen, dass diese gemeinsame Bewertung der Taufe die Kircheneinheit beinhaltet. Deshalb sieht der

---

44 Vgl. zur so genannten Lima-Erklärung: Taufe, Eucharistie und Amt. Konvergenzerklärungen der Kommission für Glauben und Kirchenverfassung des Ökumenischen Rates der Kirchen, Frankfurt (M.)/Paderborn ⁹1984.

45 Lima-Erklärung: Taufe, Nr. 6 (s. Anm. 44).

46 Vgl. das Dokument: Ekklesiologische und ökumenische Implikationen einer gemeinsamen Taufe. Eine Studie der Gemeinsamen Arbeitsgruppe, in: Gemeinsame Arbeitsgruppe der Römisch-katholischen Kirche und des Ökumenischen Rates der Kirchen. Achter Bericht 1999–2005, Genf/Rom 2005, S. 53–84.

Eine der ersten ökumenischen Taufen in Westfalen: Pfarrer Dr. Matthias Haudel (2.v.l.) tauft zusammen mit seinem katholischen Amtsbruder Friedhelm Geißen in der ev. St. Petri-Kirche, Soest 2000. (Foto: Dietmar Kehlbreier, UK 28/2000, 3)

Ökumeniker Erich Geldbach eine der „rätselhaften, zumindest unlogischen Gegebenheiten der gegenwärtigen ökumenischen Situation" darin, dass „die Taufe zwar in den Leib Christi eingliedert, die Glieder sich aber gegenseitig oder auch einseitig die Tischgemeinschaft absprechen"[47].

Doch die römisch-katholische Kirche sieht in der Taufe zwar eine *wirkliche*, aber nicht *vollkommene* Gemeinschaft mit Christen anderer Konfessionen, da hierfür auch ein gemeinsames Verständnis

47 E. Geldbach: Taufe (= Ökumenische Studienhefte 5: Bensheimer Hefte 79), Göttingen 1996, S. 23.

von Amt und Kirchenstruktur nötig sei. Weil die Eucharistie als Ausdruck vollkommener Gemeinschaft gelte, sei die eucharistische Gemeinschaft von der Klärung dieser Fragen abhängig. Ähnlich sehen es die orthodoxen Kirchen, während im Protestantismus Abendmahlsgemeinschaft auf der Grundlage der Taufe als Stärkung auf dem Weg zu voller Kirchengemeinschaft verstanden wird. Umstritten ist hier jedoch das Verhältnis von Säuglingstaufe in den Großkirchen und Erwachsenen- bzw. Gläubigentaufe in den Täuferkirchen. So ruft die Lima-Erklärung die Kirchen auf, die gegenseitige Anerkennung der Taufe zunächst einmal ausdrücklich zu erklären, wodurch die Taufe ein ständiger

„Ruf an die Kirchen" bleibt, „ihre Trennungen zu überwinden und ihre Gemeinschaft sichtbar zu manifestieren"[48].

Dass die Konvergenzen von Lima, die daneben auch die Eucharistie und das kirchliche Amt betreffen, von den nordrhein-westfälischen Kirchen intensiv wahrgenommen und beraten wurden, ist nicht zuletzt das Verdienst der ACK-NRW. Denn deren damalige Vorsitzende, Dr. Ilona Riedel-Spangenberger[49], schrieb nach Erscheinen des Lima-Papiers im Auftrag der ACK-NRW einen Brief an alle Kirchenleitungen und Bischöfe in Nordrhein-Westfalen, in dem sie die Kirchen bat, die Ergebnisse zu erörtern und den Gemeinden zugänglich zu machen. Sie rief zugleich dazu auf, Voten zur Lima-Erklärung zu erarbeiten und diese an die Kommission für Glauben und Kirchenverfassung zu senden.

In verschiedenen Regionen Deutschlands gab es faktisch längst zwischen evangelischen Landeskirchen und katholischen Bistümern die gegenseitige Anerkennung der Taufe.[50] So wurde in Nordrhein-Westfalen schon seit den 60er Jahren die *gegenseitige Anerkennung der Taufe* zwischen den evangelischen Landeskirchen und den katholischen Bistümern praktiziert, was in einer 1977 von der westfälischen Landeskirche sowie dem Erzbistum Paderborn und dem Bistum Münster veröffentlichten ökumenischen Schrift zum Ausdruck kommt:

„Beide Kirchen stimmen darin überein, daß die in der anderen Kirche gespendete Taufe gültig ist."[51] Vor diesem Hintergrund kam es mehr und mehr zu offiziellen Taufvereinbarungen, wie zum Beispiel 1996 zwischen der Evangelischen Kirche im Rheinland und den benachbarten katholischen Diözesen. Die ACK-NRW hat viel zu dem Klima beigetragen, das solche Erfolge ermöglichte. So führte sie zum Beispiel 1991 auf dem *Deutschen Evangelischen Kirchentag* im Ruhrgebiet ein ökumenisches Podiumsgespräch über die Taufe durch und feierte in multilateraler Besetzung einen viel beachteten Taufgedächtnisgottesdienst. Bei der Podiumsdiskussion über „Kirchen als Nachbarn; das Miteinander in der Taufe" kam neben einer großen Übereinstimmung auch das Problem des Verhältnisses von Säuglings- und Gläubigentaufe zur Sprache. Auf allgemeine Zustimmung stieß die Anregung des orthodoxen Ökumenikers Athanasios Basdekis, die „fremden" Taufriten der jeweils anderen Kirchen und Gemeinschaften in der Praxis kennenzulernen.[52] Damit war einer der Anstöße für die Erstellung der bereits genannten *Taufsynopse* gegeben, welche die ACK-NRW durch eine detaillierte Umfrage bei ihren Mitgliedskirchen in jahrelanger Kleinarbeit erstellte und im Jahr 2003 unter dem Titel „*Christliche Kirchen feiern die Taufe*"[53] veröffentlichte. In dem Band präsentieren zunächst viele der Mitgliedskirchen ihr Taufverständnis, bevor eine synoptische Übersicht den Vergleich der jeweiligen Rechtsordnungen, Taufbedingungen,

---

48 Lima-Erklärung: Taufe, Nr. 6, vgl. Nr. 15 (s. Anm. 44).
49 Die Ökumenereferentin des Bistums Münster war von 1979 bis 1983 Vorsitzende der ACK-NRW.
50 Vgl. zu den einzelnen Absprachen und Vereinbarungen den Überblick von A. Vagedes: Zur gegenseitigen Anerkennung der Taufe. Viele Schritte sind bereits getan, in: ACK Ökumenische Mitteilungen 74/1991, S. 11–14.

51 H. J. Degenhardt/H. Tenhumberg/H. Thimme: Kirchen auf gemeinsamem Wege, Bielefeld/Kevelaer 1977, S. 158.
52 Vgl. den Bericht über das Podiumsgespräch in: ACK Ökumenische Mitteilungen 75/1991, S. 4 f.
53 Siehe M. Kappes/E. Spiecker (Hg.): Christliche Kirchen feiern die Taufe.

Taufliturgien sowie Zeichen und Handlungen ermöglicht.

Auf diese Weise konnte die ACK-NRW in ihrer Region einen Beitrag dazu leisten, dass es 2007 in Magdeburg auf Ebene der Bundes-ACK zur förmlichen *gegenseitigen Anerkennung der Taufe durch eine Vielzahl der ACK-Kirchen in Deutschland* kam. Mit dem weiterhin ungeklärten Verhältnis von Säuglings- und Gläubigentaufe, das eine Unterzeichnung durch die Täuferkirchen nicht ermöglichte, beschäftigte sich die ACK-NRW 2001 in Paderborn auf ihrer Regionaltagung über die Einheitsfunktion der Taufe in der ACK-NRW. Weil diesbezüglich inzwischen auf europäischer Ebene und in Deutschland neue Dialogergebnisse erzielt worden sind, griff sie das Thema in jüngster Zeit erneut auf, zumal ökumenische Fortschritte beim Taufverständnis auch die anderen zentralen Fragen des Kirchenverständnisses betreffen, wie etwa die Gemeinschaft am Tisch des Herrn in der Gemeinschaft des einen Leibes Christi. Welche verheißungsvollen Perspektiven die jüngsten Auseinandersetzungen der ACK-NRW mit der ökumenischen Bedeutung der Taufe eröffnen, wird in Abschnitt VII,2 zur Sprache kommen.[54]

„Deshalb erkennen wir jede nach dem Auftrag Jesu im Namen des Vaters und des Sohnes und des Heiligen Geistes mit der Zeichenhandlung des Untertauchens im Wasser bzw. des Übergießens mit Wasser vollzogene Taufe an und freuen uns über jeden Menschen, der getauft wird. Diese wechselseitige Anerkennung der Taufe ist Ausdruck des in Jesus Christus gründenden Bandes der Einheit (Eph 4,4–6). Die so vollzogene Taufe ist einmalig und unwiederholbar.“

(Taufanerkennungserklärung, Auszug, Magdeburg 29.4.2007)

---

54 Vgl. insgesamt zur ökumenischen Bedeutung der Taufe M. Haudel: Die Taufe als ökumenischer Hoffnungsträger. Ein wachsender Konsens: seine Grundlagen und Perspektiven, in: Ökumenische Rundschau 59 (2010), S. 37–59; ders.: Die fortschreitende ökumenische Bedeutung der Taufe aus evangelischer Perspektive, in: Zeitschrift für Theologie und Gemeinde 15 (2010), S. 118–130.

2. Eucharistie und Abendmahl – was trennt, was verbindet?

Dass Christen und Kirchen im Blick auf die Glaubensgrundlagen und die Gemeinsamkeiten in Zeugnis und Dienst Gemeinschaft leben, aber diese am Tisch des Herrn nicht vollziehen können, gilt als schmerzlichste ökumenische Erfahrung. Vielfach wird vermutet, ein unterschiedliches theologisches Verständnis über das Herrenmahl – wie etwa die reale Anwesenheit Christi – sei dafür verantwortlich. Doch im Blick auf das Abendmahlsverständnis hat der ökumenische Dialog längst weit reichende Übereinstimmungen erzielt, die zum Beispiel dazu führten, dass ein entsprechendes „Gutachten des Päpstlichen Rates zur Förderung der Einheit der Christen" von 1992 feststellte, bezüglich der Eucharistielehre bestünden keine kirchentrennenden Gegensätze mehr.[55] Innerprotestantisch hatte bereits die Leuenberger Konkordie (1973), die durch die Besinnung auf die gemeinsamen Glaubensgrundlagen Kanzel- und Abendmahlsgemeinschaft der reformatorischen Kirchen erzielte, die reale Personalpräsenz Christi im Abendmahl gemeinsam formulieren können. Mit der Lima-Erklärung (1982) und anderen Dialogergebnissen kam auch der multikonfessionelle Dialog zu Übereinstimmungen in den strittigen Fra-

Der orthodoxe Erzpriester und Arzt Dr. Ambrosius Backhaus (1923–2005). (Foto: Kartini Mumme [http://nikowy. homepage.t-online.de/backhaus.jpg])

gen der Abendmahlslehre: Gemeinsam konnte man das Geheimnis der wirklichen Gegenwart Christi im Herrenmahl aussagen, gemeinsam konnte man dieses Mahl als Vergegenwärtigung des *einmalig* geschehenen Kreuzopfers Christi verstehen (Messopferfrage) und die Darreichung in beiderlei Gestalt (Brot und Kelch) als Zeichen der Ganzheit des neutestamentlichen Mahls sehen. Auf die Bedeutung des Heiligen Geistes und des Zusammenhangs mit der gesamten trinitarischen Heilsgeschichte wiesen nicht nur orthodoxe Theologen und die Lima-Erklärung hin. Schon das 1978 auf Weltebene entstandene Konvergenzdokument der „Gemeinsamen römisch-katholischen/evangelisch-lutherischen Kommission" über „Das Herrenmahl"[56] betonte die genannten Zusammenhänge.

Dieses Dokument und die wachsende Zahl konfessionsverschiedener Ehen in Nordrhein-Westfalen, die sich am Tisch des Herrn getrennt sahen, waren der Anlass für die Beschäftigung der ACK-NRW mit der Thematik der Abendmahlsgemeinschaft. Auf der Mitgliederversammlung 1980 in Georgsmarienhütte wurde sie erstmals ausführlich erörtert. Schon damals forderte der orthodoxe Delegierte, Erzpriester Dr. Ambrosius Backhaus, die Fülle des trinitarischen Geschehens zu beachten, inso-

---

55 Vgl. KNA-ÖKI 20/2003, S. 7.

56 Gemeinsame römisch-katholische/evangelisch-lutherische Kommission. Das Herrenmahl, Paderborn/Frankfurt (M.) 1978.

Ordnung des ökumenischen Gottesdienstes mit Eucharistie- und Abend-
mahlsfeier anläßlich der Tagung für konfessionsverschiedene Ehe- und
Brautpaare am 31. 1. / 1. 2. 1970 in "Haus Reineberg"

Alle: Aus meines Herzens Grunde sag ich dir Lob und Dank in dieser
Morgenstunde, dazu mein Leben lang, o Gott in deinem Thron,
dir zu Lob, Preis und Ehren durch Christus, unsern Herren,
dein' eingebornen Sohn,

daß du mich hast aus Gnaden in der vergangenen Nacht vor Gfahr
und allem Schaden behütet und bewacht. Ich bitt demütiglich:
wollet mir mein Sünd vergeben, womit in diesem Leben ich hab
erzürnet dich.

Gott will ich lassen raten, denn er all Ding vermag. Er segne
meine Taten, mein Vornehmen und Sach; ihm hab ich heimgestellt
mein' Leib, mein Seel, mein Leben und was er sonst gegeben;
er machs, wies ihm gefällt.

Darauf so sprech ich Amen und zweifle nicht daran, Gott wird
es alls zusammen ihm wohlgefallen lan; und streck nun aus
mein Hand, greif an das Werk mit Freuden, dazu mich Gott be-
scheiden in meim Beruf und Stand.

- 2 -

- 3 -

ïahren.

P.:   Laßt uns den Herrn anrufen:
Einer: Für alle Menschen, daß sie ihren Egoismus überwinden, danach
trachten, einander zu verstehen, alle Möglichkeiten der Zusammenarbeit ausschöpfen und sich im Vertrauen auf Gottes
Liebe in gegenseitiger Sorge füreinander öffnen.

P.:   Laßt uns den Herrn anrufen:
                        sich
Einer: Für die Kirchen der Welt, daß sie nicht an menschliche Siche-
rungen und vertraute Traditionen klammern, sondern der Wahrheit Gottes Raum geben, daß sie in ihren Beziehungen zueinander ein Beispiel geben für die Achtung der Menschenwürde,
der Gleichberechtigung und der freien Meinungsäußerung in
Wort und Schrift, daß sie bei allen Verschiedenheiten durch
ihre Gemeinschaft und durch ihren Frieden untereinander ein
Zeichen der Hoffnung für den Frieden der Welt seien.

P.:   Laßt uns den Herrn anrufen:
Einer: Für alle, die in konfessionsverschiedenen Ehen leben, daß
in diesen Brennpunkten konfessioneller Begegnung nicht Menschen zerbrechen oder gleichgültig werden, sondern aus der
Berufung zur Einheit und der Befähigung zur Liebe im Dienst
der liebenden Hingabe Zeichen des Friedens und der Einheit
wirken.

P.:   Rette uns, Herr, und richte uns auf durch die Barmherzigkeit
und Menschenliebe deines Sohnes, unseres Herrn, mit welchem
du gepriesen seist samt dem heiligen und lebenspendenden Geist
jetzt und immerdar und von Ewigkeit zu Ewigkeit.

Alle: Amen.

Aus der Ordnung
eines ökumenischen
Abendmahls-Gottes-
dienstes für konfessions-
verschiedene Ehepaare.
(Quelle: LkA EKvW 13.67,
Nr. 25)

fern als die Gegenwart Christi in Brot und Wein nur durch die Anwesenheit des Heiligen Geistes nachvollziehbar und spürbar sei, während sich zugleich die Versöhnung mit dem himmlischen Vater vollziehe. Damit nicht nur der evangelisch-katholische Dialog im Vordergrund stand, sondern der Dialog zwischen allen Mitgliedskirchen, wurde eine theologische Kommission eingesetzt, die eine vergleichende Darstellung zu Abendmahlsverständnis und -praxis der Mitgliedskirchen erarbeiten sollte. Damit nahm die ACK-NRW eine Empfehlung vorweg, die zwei Jahre später die Lima-Erklärung gab: „Die Kirchen sollten ihre Liturgien im Lichte der Übereinstimmung in der Eucharistie überprüfen"[57]. Es wurde ein Fragebogen für alle Mitgliedskirchen über ihr theologisches Verständnis und den liturgischen Vollzug des Herrenmahls entwickelt, so dass die bereits genannte *Abendmahlssynopse* entstehen konnte. Sie erschien 1993 und enthielt neben einer Übersicht über das Abendmahlsverständnis der Mitgliedskirchen einen an 47 Fragen orientierten synoptischen Vergleich ihrer Abendmahlspraxis: zum Beispiel die Ordnung der Feier, Vorsteher und weitere Dienste, Elemente, Darreichung, Bußakt oder liturgische Gewänder. Damit sollte der Band den Gemeinden, Kirchenleitungen und ökumenischen Gremien zum gegenseitigen Verständnis verhelfen und „der wissenschaftlichen wie praktischen Rezeption ökumenischer Gesprächsergebnisse dienen"[58].

1980 hatte die ACK-NRW in Münster außerdem ein ökumenisches Forum zum Thema *„Amt und Herrenmahl"* veranstaltet, da die erzielten Konvergenzen im Abendmahlsverständnis deutlich werden ließen, dass das eigentlich Trennende im Amtsverständnis liegt. Denn aus Sicht römisch-katholischer und orthodoxer Lehre kann nur ein in der apostolischen Sukzession stehender geweihter Priester die Eucharistie gültig vollziehen, was für protestantische Amtsträger nicht zutreffe. Das in Münster gehaltene Referat des katholischen Professors Dr. Heinz Schütte (Bonn) und die Arbeitsgruppen konzentrierten sich auf die biblischen Grundlagen sowie auf das Dokument „Das Herrenmahl". So kamen sie zu dem Ergebnis, dass die Bezugnahme auf den gemeinsamen Glaubensgrund nicht nur die oben genannten Übereinstimmungen im Abendmahlsverständnis ermögliche, sondern auch im Blick auf das Amtsverständnis Perspektiven für Kirchengemeinschaft aufzeige: der synonyme Gebrauch von Presbyteros (Pfarrer) und Episkopos (Bischof) im Neuen Testament erlaube theologische Annäherungen, was auch die Einsicht betreffe, dass die *ganze* Kirche in der Sukzession des Glaubens stehe.

Es könne durchaus sowohl eine episkopale (katholisch, orthodox) als auch eine presbyteriale (evangelisch) Sukzession geben. Zudem gehe es bei der Apostolizität der Kirche in erster Linie nicht um die apostolische Amtssukzession (Kette der Handauflegungen), sondern um die inhaltliche Apostolizität bzw. um die Treue zum apostolischen Ursprung.[59] Damit nahm das Forum vorweg, was die 5. Weltkonferenz für Glauben und Kirchenverfassung (Santiago de Compostela)

---

57 Lima-Erklärung: Eucharistie, Nr. 28 (s. Anm. 44). Zur Mitgliederversammlung von 1980 vgl. das Protokoll in den Akten (s. Anm. 12).

58 N. Beer (Hg.): Christliche Kirchen feiern das Abendmahl, S. IX.

59 Vgl. zu den Ergebnissen: Amt und Herrenmahl. Forum der ACK im Franz-Hitze-Haus in Münster, in: Ökumenische Mitteilungen 53+54/1982, S. 32–34.

1993 im multikonfessionellen Dialog auf Weltebene formulierte.

Wie aktuell diese Fragen geblieben sind, zeigte die Eucharistie-Enzyklika (Ecclesia de Eucharistia), die kurz vor dem ersten Ökumenischen Kirchentag in Berlin (2003) erschien und betonte, die Gültigkeit des Herrenmahls sei von der Gemeinschaft mit dem Papst abhängig (katholisches Amtsverständnis).[60] Gleichzeitig erschien ein Dokument der drei Ökumenischen Institute Straßburg, Tübingen und Bensheim mit dem Titel „Abendmahlsgemeinschaft ist möglich“[61], das erneut erläuterte, warum auf der gemeinsamen Grundlage von Bibel und altkirchlichen Bekenntnissen eine ausreichende theologische Konvergenz im Abendmahlsverständnis erzielt wurde. Im Blick auf das zentrale Problem des Amtes konnte jüngst der „Arbeitskreis evangelischer und katholischer Theologen in Deutschland“ eine Konvergenz erzielen, die darauf beruht, dass man auch das faktische Wirken der verschiedenen Ämter in den unterschiedlichen Kirchen berücksichtigt.[62] Wie schon im Dokument „Das Herrenmahl“ und

in der sich anschließenden Diskussion der ACK-NRW wird immer deutlicher, dass nur der Blick auf den trinitarisch-heilsgeschichtlichen Kontext des Herrenmahls zu einer Gesamtlösung führen kann.[63] In Abschnitt VII,1 wird die aktuelle verheißungsvolle Beschäftigung der ACK-NRW mit diesen Grundlagen zur Sprache kommen.

Russisch-orthodoxe Feier der Theophanie (Erscheinung Gottes) in Düsseldorf: die Gaben des Herrenmahls werden zur Gottesdienstgemeinde gebracht.

60 Siehe dazu: Enzyklika Ecclesia de Eucharistia, von Papst Johannes Paul II. an die Bischöfe, an die Priester und Diakone, an die geweihten Personen und an alle Christgläubigen über die Eucharistie in ihrer Beziehung zur Kirche (= Verlautbarungen des Apostolischen Stuhls 159), Bonn 2003.

61 Abendmahlsgemeinschaft ist möglich. Thesen zur Eucharistischen Gastfreundschaft der Ökumenischen Institute Straßburg, Tübingen und Bensheim, Frankfurt (M.) 2003.

62 Vgl. D. Sattler/G. Wenz (Hg.): Das kirchliche Amt in apostolischer Nachfolge, III: Verständigungen und Differenzen. Mit Beiträgen v. Christine Axt-Piscalar [u.a.], hg. für den Ökumenischen Arbeitskreis evangelischer und katholischer Theologen (= Dialog der Kirchen 14,III), Freiburg (Br.)/Göttingen 2008.

63 Vgl. E. Lessing: Abendmahl (= Ökumenische Studienhefte 1: Bensheimer Hefte 72), Göttingen 1993, S. 133 ff.

3. Zentrales Problem: das Amt

Mit dem ökumenischen Problem des Amtes, das sich als eines der zentralsten und schwierigsten Probleme erweisen sollte, beschäftigt sich die ACK-NRW seit ihren Anfängen. Schon ein Jahr nach ihrer Gründung konzentrierte sie sich 1973 auf der Herbst-Mitgliederversammlung (Köln) auf das Verständnis des Amtes in den Mitgliedskirchen – und zwar in Auseinandersetzung mit dem Ökumenedokument des Bistums Münster und der Evangelischen Kirche von Westfalen „Wege der Kirchen zueinander". Man beschloss, dass die Mitgliedskirchen ihr Amtsverständnis in den nächsten Ausgaben der Ökumenischen Mitteilungen vorstellen sollten[64], als Voraussetzung für eine weiterführende Diskussion über eine gegenseitige Anerkennung der Ämter. Die Regionaltagung im Frühjahr 1974 (Bensberg) fand dann zum Thema „Das ordinierte Amt in ökumenischer Perspektive" statt. Hier diente das multikonfessionelle internationale Dokument der Kommission für Glauben und Kirchenverfassung „Das ordinierte Amt in ökumenischer Perspektive"[65] als Grundlage. Auf der Tagung wurde das ökumenische Verständnis des ordinierten Amtes aus katholischer, orthodoxer, evangelisch-landeskirchlicher und freikirchlicher Sicht dargelegt und erörtert. So nahm die ACK-NRW in ihrer regionalen multilateralen Zusammensetzung an der Diskussion teil, die schließlich zum internationalen multilateralen Konvergenzdokument von Lima (1982) führte.

Vor diesem Hintergrund ist es verständlich, dass die ACK-NRW 1982 auf ihrer Mitgliederversammlung in Dortmund sofort nach Erscheinen des Lima-Dokuments nicht nur die Kirchenleitungen ihrer Mitgliedskirchen zur Rezeption motivierte[66], sondern sich auch selbst auf der Grundlage eines Referats von Abt Dr. Laurentius Klein („Ökumenische Centrale") mit dem Amts-Dokument von Lima befasste. Dabei stellte sich heraus, dass die Stellungnahmen des „Deutschen Ökumenischen Studienausschusses" der Bundes-ACK in das Lima-Dokument eingearbeitet waren. Auch hier betonte der Referent die Bedeutung des trinitarisch-heilsgeschichtlichen Kontextes für das Amtsverständnis, die in Bezug auf das Herrenmahl bereits hervortrat. Die Fortsetzung der Beschäftigung mit dem Amts-Dokument von Lima stand auf der Regionaltagung von 1983 (Münster) unter dem Thema „Die Berufung des ganzen Volkes Gottes und das geistliche Amt in der Kirche", wodurch das Verhältnis geordneter Ämter zur Berufung aller Christen im Vordergrund stand. Um die damit verbundenen Fragestellungen noch genauer erörtern zu können, führte die Regionaltagung von 1984 (Iserlohn) diese Diskussion unter folgenden Aspekten weiter: Tradition, Sukzession, Formen des ordinierten Amtes. In der Aussprache aller Referenten und Beteiligten stellte sich heraus, dass viele Mitgliedskirchen in der alleinigen Konzentration des Lima-Dokuments auf das dreigliedrige Amt eine Verkürzung auf „nur eines von drei neutestamentlichen Modellen des kirchlichen Amtes"[67] sahen.

---

64 Vgl. besonders Ökumenische Mitteilungen 33+34/1973, S. 4–32, wo sich Beiträge von fünf Mitgliedskirchen über ihr Amtsverständnis finden.

65 Das ordinierte Amt in ökumenischer Perspektive. Dokument der Kommission für Glauben und Kirchenverfassung, in: Ökumenische Rundschau 22 (1973), S. 231–256.

66 Siehe oben, S. 47.

67 Siehe den Bericht über die Tagung in: Ökumenische Mitteilungen 60/1984, S. 39–40, hier S. 39.

7. d. 1. K.

KATHOLISCHE NACHRICHTEN AGENTUR **KNA**

Bonn · Rom · Berlin · München · Frankfurt · Freiburg · Hamburg · Münster · Stuttgart · Wiesbaden

WESTDEUTSCHER DIENST   Nr. 49 / Montag, 5. März 1984

Evang. Kirche von Westfalen
Das Landeskirchenamt
06.03.84 09100
Anlagen

Degenhardt: Amt in kirchliche Ordnung übernehmen

Arbeitsgemeinschaft Christlicher Kirchen diskutierte Ökumeneprobleme

Iserlohn, 4. März (KNA) Ein wichtiger Schritt zur Annäherung zwischen den Kirchen und kirchlichen Gemeinschaften ist nach Auffassung des Erzbischofs von Paderborn, Dr. Johannes Joachim Degenhardt, dann getan, wenn auf protestantischer Seite das geistliche Amt nicht nur verbal, sondern wirklich in die heutige kirchliche Ordnung übernommen wird. Auf der Regionaltagung der Arbeitsgemeinschaft Christlicher Kirchen Nordrhein-Westfalen (ACK) in Iserlohn wies Degenhardt darauf hin, daß die Deutsche Bischofskonferenz zum Lima-Papier über Taufe, Eucharistie und Amt positiv Stellung genommen und ihr Votum bereits an das Vatikanische Einheitssekretariat weitergeleitet habe.

Landessuperintendent Dr. Ako Haarbeck, Detmold, betonte vor der ACK, daß für den Fortgang der Ökumene auf gewisse Zeit von den Kirchenleitungen weniger zu erwarten sei als von den Gemeinden. Die Kirchenleitungen beharrten derzeit auf einer Besitzstandsbewahrung. So herrsche auf katholischer Seite die Sorge, die Protestanten könnten zu säkularistisch werden, während umgekehrt die Angst vorhanden sei, die Katholiken könnten zu sehr auf Rechtssetzungen beharren. Hinsichtlich des ökumenischen Dialogs in der Bundesrepublik Deutschland meinte Professor Dr. Anastasios Kallis, Münster, vor den Teilnehmern der Regionaltagung, für die Orthodoxie sei die Teilnahme äußerst schwierig. Über das geistliche Amt könne man nicht reden, ohne sich vorher darüber zu verständigen, was Kirche bedeute. Diese sei vor dem Amt dagewesen. Er beanstandete, daß in dem Lima-Papier über das Amt gesprochen werde, ohne die Kirche einzubeziehen.

(KNA/WD - 299/III/84)

Berichterstattung zur Regionaltagung der ACK-NRW in Iserlohn (1984) über das kirchliche Amt in ökumenischer Perspektive: KNA – Westdeutscher Dienst, Nr. 49/1984 (Auszug).

Als *Erfahrungskontext* für die faktische Ausübung der Ämter in den verschiedenen Mitgliedskirchen galt der ACK-NRW auch der Gottesdienst in ökumenischer Perspektive, womit man sich lange aus der Sicht der jeweiligen Mitgliedskirchen beschäftigt hatte[68] und was sich auf dem Deutschen Evangelischen Kirchentag in Düsseldorf 1985 in einer viel beachteten Feier der Lima-Liturgie durch die ACK-NRW niederschlug. Die Zusammenführung von theologischer Diskussion und gemeinsamer spiritueller Erfahrung in der Arbeit der ACK-NRW bezeichnete der damalige Vorsitzende Norbert Beer als Voraussetzung dafür, dass man differenzierter mit der Amtsproblematik umgehen konnte als das Lima-Papier, welches die Frömmigkeitstheologie und -praxis zu wenig in den Konvergenzprozess einbezogen habe.[69]

So hat sich die ACK-NRW als ein Gremium erwiesen, das den Kirchen in der Region mit ihren vom episkopalen bis zum kongregationalistischen Ver-

ständnis reichenden Unterschieden die Möglichkeit bietet, Gemeinschaftserfahrungen zu machen, die über die üblichen ökumenischen Dialoge hinausgehen. Denn die ACK-NRW ermöglicht den lebendigen Austausch von theologischen Grundsätzen, spirituellen Erfahrungen und praktischer Zusammenarbeit. Es stellt sich die Frage, ob die Erfahrungen aus dem Zusammenspiel dieser Dimensionen nicht auch durch eine *Amtssynopse* für den ökumenischen Dialog fruchtbar gemacht werden könnten, da die vergleichende Darstellung faktischer amtlicher Vollzüge in Kirche, Gottesdienst und Gemeinde neue Perspektiven öffnen könnte. Das gilt besonders im Blick auf die Unterstützung des bereits erwähnten Ansatzes des „Arbeitskreises evangelischer und katholischer Theologen in Deutschland", der die faktischen Wirkungen des Amtes in die Konvergenz einbezieht.[70] Welche Hoffnungen sich auch theologisch für die ACK-NRW hinsichtlich der Amtsfrage durch die Beachtung des immer wieder hervorgetretenen Kontextes des trinitarischen Glaubens ergeben könnten, wird in Abschnitt VII,1 ersichtlich.

68 Vgl. dazu die Mitgliederversammlungen und Beiträge in den Ökumenischen Mitteilungen ab 1983.

69 Vgl. den Tätigkeitsbericht von Norbert Beer in: ACK Ökumenische Mitteilungen 71/1989, S. 3.

70 Vgl. D. Sattler/G. Wenz (Hg.): Das kirchliche Amt in apostolischer Nachfolge.

ACK-NRW: Der griechisch-orthodoxe Erzpriester Constantin Miron (rechts), der von 1998 bis 2001 Vorsitzender der ACK-NRW war (daneben der evangelische Rechtsanwalt Eberhard Spiecker, Vorsitzender von 2001 bis 2004).

V. Die ACK-NRW als stabile Basis ökumenischen Vertrauens

Schon wenige Jahre nach dem Zweiten Vatikanischen Konzil kam es zur Auseinandersetzung zwischen ökumenisch euphorischen und traditionellen Strömungen, die dazu führten, dass auch in der allgemeinen ökumenischen Stimmung immer wieder von Stagnation die Rede war. Das belegen die Protokolle der Mitgliederversammlungen ebenso wie etliche Beiträge in den „ACK Ökumenischen Mitteilungen". Doch es wird in diesen Zeugnissen zugleich transparent, dass die Arbeit der ACK-NRW aufgrund des gewachsenen – auch persönlichen – Vertrauensverhältnisses zwischen den Delegierten der Mitgliedskirchen von solchen „ökumenischen Klimaschwankungen" unbeeindruckt blieb. Das war auch für das Verhältnis der Mitgliedskirchen untereinander von nicht geringer Bedeutung. Als besonders wichtig erwies sich diese ökumenische Qualität der ACK-NRW ab Beginn der 90er Jahre, als sich die konfessionelle Großwetterlage verschlechterte. Die mit der Auflösung des Sowjetregimes verbundene Wende führte bei den Ostkirchen teilweise zu neuer nationalistischer Konzentration, was den ökumenischen Dialog erschwerte. Gleichzeitig legten konservative Kreise im Vatikan das Zweite Vatikanische Konzil zunehmend restriktiv und abgrenzend aus, so dass als Gegenreaktion auch auf Seiten des Protestantismus eine konfessionelle Profilierung erfolgte. Die ökumenischen Rückschritte vollzogen sich zum Beispiel in Austritten orthodoxer Kirchen aus dem ÖRK oder in römischen Verlautbarungen wie „Dominus Iesus" im Jahr 2000, welche bekräf-

tigten, reformatorische Kirchen seien nicht Kirchen im eigentlichen Sinn, und welche die Betrachtung der orthodoxen Kirchen als Schwesterkirchen problematisierten. Unübersehbar setzten sich die daraus resultierenden ökumenischen Abkühlungen zum Teil bis an die Basis fort.

Auch diese schwierige Phase konnte die ACK-NRW durch das entstandene gegenseitige Vertrauen und durch die gewachsene Zusammenarbeit von der lokalen bis zur überregionalen Ebene weitgehend auffangen. Zum einen vermochte sie nach außen sichtbare Zeichen der Gemeinschaft zu setzen, wie 1998 durch die Teilnahme an der Kölner Domwallfahrt, die sie in Zusammenarbeit mit der Kölner Orts-ACK durch einen ökumenischen Pilgerweg einleitete. Sie ließ sich auch nicht im gemeinsamen Handeln für die Bürger des Landes beirren, was zum Beispiel der im Oktober 1999 geschriebene Brief des damaligen Vorsitzenden Erzpriester Constantin Miron an den nordrhein-westfälischen Ministerpräsidenten belegt, in dem sich die ACK-NRW im Namen ihrer Mitgliedskirchen gegen eine weitere Aufweichung des Sonntagsschutzes ausspricht.[71] Zum anderen setzte sich die ACK-NRW zu dieser Zeit inhaltlich mit ökumenischen Fort- und Rückschritten auseinander. Auf der Mitgliederversammlung im Oktober 1998 (Wuppertal) beschäftigte sie sich mit der

---

71 Vgl. insgesamt die entsprechenden Protokolle der Mitgliederversammlungen (s. Anm. 12).

„Gemeinsamen Erklärung zur Rechtfertigungslehre", mit deren Unterzeichnung die römisch-katholische Kirche und der Lutherische Weltbund 1999 einen Schlussstrich unter den zentralen inhaltlichen Streitpunkt der Reformation zogen, indem sie gemeinsam bekannten, dass „der Mensch im Glauben an das Evangelium ‚unabhängig von Werken des Gesetzes' (Röm 3,28) gerechtfertigt wird"[72]. Diese Einigung war möglich geworden, weil man sich an den gemeinsamen Glaubensgrundlagen in der Schrift und den altkirchlichen Bekenntnissen orientiert hatte und zwischen diesem Glaubens*grund* und späteren Glaubens*gestalten* (verschiedene konfessionelle Ausgestaltungen des Glaubens) differenzierte. Auf diese Weise konnte man den „Konsens in Grundwahrheiten der Rechtfertigungslehre" erzielen, in dessen Licht verbleibende Unterschiede als „tragbar" gelten.[73]

Eine solche Bezugnahme auf den gemeinsamen Glaubensgrund ist hinsichtlich der Amtsfrage bisher nicht verwirklicht worden, was entsprechende Aussagen in der Verlautbarung der römischen Glaubenskongregation *„Dominus Iesus"* belegen, die eine Anerkennung der *römischen* Amtsstruktur voraussetzen.[74] Nachdem die ACK-NRW die posi-

tiven Ergebnisse zur Rechtfertigungslehre in Wuppertal auch mit den lokalen ACKs diskutiert und zur weiteren Rezeption empfohlen hatte, nahm sie bei ihrer Herbst-Mitgliederversammlung im Jahr 2000 (Bonn) die in den lokalen ACKs aufgebrochene Diskussion über „Dominus Iesus" auf. Doch sie verweilte auf ihren nächsten Versammlungen nicht länger bei dieser Thematik, sondern griff ökumenische Dokumente auf, die neue ökumenische Impulse zu geben vermochten – wie zum Beispiel die auf europäischer Ebene erarbeitete „Charta Oecumenica" mit ihren ökumenischen Selbstverpflichtungen, was in Abschnitt VI erörtert wird.

Angesichts dieser Entwicklungen erwies sich die ACK-NRW aufgrund ihrer vertrauensvollen multilateralen ökumenischen und praktischen Zusammenarbeit in Theologie, Gottesdienst und Weltverantwortung als eine *Konstante*, die ökumenischen Fortschritt auf den verschiedenen Ebenen kirchlichen Lebens auch bei ökumenischen „Klimaschwankungen" aufrechterhalten und fördern konnte.[75] Dabei zeigte sich, dass der multilaterale Dialog Räume und Perspektiven eröffnet, die helfen, bilaterale Spannungen zwischen einzelnen Mitgliedskirchen zu entschärfen.

---

72 Gemeinsame Erklärung zur Rechtfertigungslehre. Gemeinsame offizielle Feststellung. Anhang (Annex) zur Gemeinsamen offiziellen Feststellung, hg. v. Lutherischem Weltbund u. Päpstlichem Rat zur Förderung der Einheit der Christen, Frankfurt (M.)/Paderborn 1999, Nr. 31.

73 Vgl. ebd., Nr. 40.

74 Vgl. Erklärung Dominus Iesus. Über die Einzigkeit und die Heilsuniversalität Jesu Christi und der Kirche (Verlautbarung der Kongregation für die Glaubenslehre), Vatikanstadt (Rom) 2000, Nr. 16 und 17. Vgl. auch die Erklärung der Glaubenskongregation vom Juli 2007 „Antworten auf Fragen zu einigen Aspekten der Lehre über die Kirche". – Siehe dazu: Kongregati-

on für die Glaubenslehre: Erklärung Dominus Iesus über die Einzigkeit und die Heilsuniversalität Jesu Christi und der Kirche. Antworten auf Fragen zu einigen Aspekten bezüglich der Lehre über die Kirche. 2000/2007 (= Verlautbarungen des Apostolischen Stuhls 148), Bonn 2008.

75 Deshalb verdient die ACK-NRW nachhaltige Unterstützung durch ihre Mitgliedskirchen. Je besser die ACK-NRW arbeiten kann, desto besser wird sich die ökumenische und praktische kirchliche Arbeit in NRW gestalten. So bleibt durchaus daran zu erinnern, dass die ACK-NRW ihre Mitgliedskirchen in den 90er Jahren – leider vergeblich – hinsichtlich eines eigenen Geschäftsführers ansprach, wie er in einigen anderen regionalen ACKs zu finden ist.

VI. Ökumenische Selbstverpflichtungen und Gemeindepartnerschaften

Die „*Charta Oecumenica*" [76], mit der die Konferenz Europäischer Kirchen (KEK) und der Rat der Europäischen Bischofskonferenzen (CCEE) 2001 „Leitlinien für die wachsende Zusammenarbeit unter den Kirchen in Europa" unterzeichneten, durfte die ACK-NRW als Bestätigung ihrer bisherigen Arbeit und als Ermutigung für die Weiterarbeit auffassen. Denn die Charta enthielt in Aufnahme der beiden Europäischen Ökumenischen Versammlungen von Basel (1989) und Graz (1997) ökumenische Selbstverpflichtungen nahezu aller europäischen Kirchen[77] und entsprechende ökumenische Ermutigungen, welche die ACK-NRW bereits zu einem

großen Teil praktizierte. Auf der Grundlage des in der Bibel und dem Ökumenischen Bekenntnis von 381 n. Chr. bezeugten Heilswirkens des dreieinigen Gottes sehen sich die europäischen Kirchen verpflichtet, ihre der göttlichen Einheit in Vielfalt entsprechende kirchliche *Einheit* in Vielfalt sichtbar werden zu lassen, damit sie das Evangelium unter den Völkern glaubwürdig verkündigen können (Joh 17,20 f.). So *verpflichten* sie sich, gemeinsam

76 Charta Oecumenica. Leitlinien für die wachsende Zusammenarbeit unter den Kirchen in Europa. Rat der Europäischen Bischofskonferenzen (CCEE), Konferenz Europäischer Kirchen (KEK), St. Gallen/Genf 2001.

77 Zur KEK gehören die meisten orthodoxen, reformatorischen, anglikanischen, freikirchlichen und altkatholischen Kirchen und zur CCEE die katholischen Bischofskonferenzen.

Die Charta Oecumenica ist das erste gemeinsame Dokument der europäischen Kirchen seit 1000 Jahren. Ihre Unterzeichnung im Jahr 2001 auf europäischer und 2003 auf deutscher Ebene wurde als ökumenischer Meilenstein gefeiert. (Quelle: www.oekumene3.eu)

als Kirchen der apostolischen Mahnung des Epheserbriefes zu folgen: „Bemüht euch, die Einheit des Geistes zu bewahren durch den Frieden, der euch zusammenhält. *Ein* Leib und *ein* Geist, wie euch durch eure Berufung auch eine gemeinsame Hoffnung gegeben ist; *ein* Herr, *ein* Glaube, *eine* Taufe, *ein* Gott und Vater aller, der über allem und durch alles und in allem ist" (Eph 4,3–6).[78]

In den daraus abgeleiteten Empfehlungen und Verpflichtungen findet sich auch die Empfehlung, auf allen Ebenen multilaterale ökumenische Gremien einzurichten, oder die Verpflichtung, Vorurteile durch Begegnungen zu überwinden, die Gottesdienste untereinander kennenzulernen, das gemeinsame Zeugnis und die Weltverantwortung auf den jeweiligen Ebenen gemeinsam zu vollziehen und überall gemeinsam zu handeln, wo die Voraussetzungen dafür gegeben sind. Es ist nach den bisherigen Ausführungen wohl unübersehbar, in welcher Weise die ACK-NRW das in ihrer Region bereits vielfach umgesetzt hatte. Als sich die ACK-NRW auf ihrer Mitgliederversammlung 2002 (Villigst/Schwerte) mit der Charta Oecumenica befasste, nahmen sich die Delegierten vor, eine noch stärkere Umsetzung der Anregungen auf lokaler Ebene zu fördern. So wurde bei der weiteren Beschäftigung mit der Charta auf der Frühjahrsversammlung 2004 (Freckenhorst) die Möglichkeit der Einführung bzw. Intensivierung *ökumenischer Partnerschaftsvereinbarungen* zwischen Gemeinden erörtert. In solchen offiziellen Partnerschaften sah man die Chance, ökumenische Kontinuität zu er

78 Vgl. Charta Oecumenica, S. 3–5.

reichen, wodurch ökumenische Gemeinschaft vor Ort unabhängiger von der Bindung an bestimmte engagierte Personen wird. So beschäftigten sich die Delegierten auf der folgenden Herbst-Tagung (Lage) sowohl mit der bereits bestehenden Tradition solcher Partnerschaften in England als auch mit Partnerschaftsmodellen aus anderen Regionen in Deutschland. Dass es dann im Jahr 2005 zwischen den Bistümern Paderborn und Münster sowie der Evangelischen Kirche von Westrfalen und der Lippischen Landeskirche – als regionale Umsetzung der Charta – zur Unterzeichnung von „Leitlinien für Ökumenische Gemeindepartnerschaften am Ort" kam, lässt erkennen, wie der multilaterale Dialog in der ACK-NRW auch bilaterale ökumenische Fortschritte zu fördern vermag. Die Leitlinien übersehen diesen Kontext keineswegs, denn sie empfehlen bilateralen evangelisch-katholischen Partnerschaften, sich für die anderen christlichen Kirchen und Gemeinschaften am Ort zu öffnen.

Die genannten Leitlinien für Gemeindepartnerschaften sehen ihre Anregungen ebenso wie die in der „Charta Oecumenica" gegebenen Empfehlungen und Verpflichtungen als einen Schritt auf dem Weg zu sichtbarer Gemeinschaft. Doch im Blick auf die zentralen ökumenischen Fragen des Amts- und Kirchenverständnisses liegen auf diesem Weg noch bedeutende Hindernisse, die sich besonders in den schwierigeren ökumenischen Zeiten seit den 90er Jahren bemerkbar machen. Deshalb denkt die ACK-NRW darüber nach, auf welcher Grundlage diesbezüglich Fortschritte zu erzielen sind und wo sich verheißungsvolle ökumenische Perspektiven eröffnen.

VII. Hoffnung für die Zukunft

Die ökumenische Entwicklung hat auf allen Ebenen gezeigt, dass Fortschritte auf dem Weg zur sichtbaren Einheit angesichts der noch bestehenden Unterschiede in den Grundfragen des Kirchenverständnisses nur zu erzielen sind, wenn sich alle Kirchen und Gemeinschaften auf ihre gemeinsame Glaubensgrundlage besinnen, die in den biblischen Schriften und den Bekenntnissen der Alten Kirche bezeugt ist. Deshalb hat sich die ACK-NRW in den letzten Jahren mit dem *gemeinsamen Glauben aller Christen* befasst, der sich auf die biblisch bezeugte Heilsgeschichte des dreieinigen Gottes mit den Menschen bezieht, welche in den drei Artikeln des Glaubensbekenntnisses

Heilige Dreifaltigkeit, Altarbild im Hochaltar der Kirche Santa Elisabetta in Florenz von Sandro Botticelli (1445–1510, Florenz), jetzt: Courtauld Institute of Art, London.

Darstellung der Dreieinigkeit auf einem Hostienteller aus der belgischen Provinz Namur: Die Taube als Symbol des Heiligen Geistes berührt mit ihren Flügeln den Mund des Vaters und des Sohnes am Kreuz. Somit bezeugt der vom Vater gehauchte Geist den eingeborenen Sohn als das Wort Gottes, das Fleisch wurde und sich für die Menschen hingibt.

zusammengefasst ist. Es geht der ACK-NRW dabei aber nicht nur darum, auf dieser Grundlage Perspektiven für weitere Annäherungen in den zentralen ökumenischen Fragen zu eröffnen, sondern auch darum, den Menschen in einer Zeit wachsender Orientierungslosigkeit gemeinsam die Frohe Botschaft des christlichen Glaubens verkündigen zu können. Die ACK-NRW möchte so zeigen, dass alle christlichen Kirchen und Gemeinschaften *eine* Frohe Botschaft haben, die den Menschen Orientierung, Sinn und Lebensfülle zu schenken vermag.

1. Der gemeinsame Glaube an den dreieinigen Gott

Mit der Konzentration auf den gemeinsamen Glauben an den dreieinigen Gott bezieht sich die ACK-NRW auf die längst bestehende Einsicht ihrer Mitgliedskirchen, im *Ökumenischen Bekenntnis (381) des Glaubens an Gott den Vater, den Sohn und den Heiligen Geist* eine gemeinsame Glaubensbasis zu haben, die faktisch für alle Kirchen und Gemeinschaften der ACK-NRW gilt – auch für diejenigen, für die die kanonische Bedeutung des Bekenntnisses von Nizäa-Konstantinopel (381) keine große Rolle spielt. Nachdem man bereits 1975 auf der Herbst-Mitgliederversammlung (Köln) zu diesem Ergebnis gekommen war, erfolgte 1982 in Reaktion auf das 1600-jährige Jubiläum des Ökumenischen Konzils von Konstantinopel und seines Bekenntnisses (381–1981) auf der Regionaltagung in Aachen erneut eine intensive Auseinandersetzung mit diesem Bekenntnis. Weil das Bekenntnis in „ökumenischer" Zusammenarbeit der maßgeblichen Kirchenväter aus Ost und West auf biblischer Grundlage entstanden war und so als Ökumenisches Bekenntnis zur Grundlage aller Christen wurde, gilt es bis heute als *die* ökumenische Glaubensbasis.[79]

Das *biblische Zeugnis* von der *heilsgeschichtlichen Selbsterschließung des dreieinigen Gottes* gibt zu erkennen, wie Gott in Entsprechung zu seinem innertrinitarischen Wesen der Liebe in der Heilsgeschichte mit den Menschen handelt. Der Vater gilt als ursprungsloser Quell der Liebe, als die göttliche Fülle, die er aber von Ewigkeit her nicht für sich behält bzw. hat. Vielmehr sagt er sich in seinem Wort bzw. im Sohn vollkommen aus, als Bild seiner selbst. Dabei haucht er den Heiligen Geist, der den Vater für den Sohn erschließt und den Sohn für den Vater. So kann sich der Vater vollkommen an den Sohn hingeben, während sich der Sohn als der Empfangende und Zurückschenkende erweist. Das Wesen Gottes beinhaltet demnach gegenseitige Hingabe und vollkommene Liebe. Diese Liebe ist sich im Heiligen Geist ihrer selbst gewiss, der den Vollzug und Horizont der Liebe Gottes in Person verkörpert. Deshalb kann sich die Liebe zwischen Vater und Sohn auch selbstlos auf einen Dritten beziehen, den Heiligen Geist. *So existieren Vater, Sohn und Heiliger Geist gleichewig in ständiger gegenseitiger Bezogenheit und Liebe.* Diesem inneren Wesen entsprechend handelt Gott nach außen: Der *Vater,* die ursprungslose Quelle, offenbart

79 Vgl. M. Haudel: Kirchliche Gemeinschaft und kirchliches Zeugnis im Licht der Trinität. Weitreichende Besinnung auf theologische Wurzeln, in: Theologische Zeitschrift 57 (2001), S. 455–462; ders.: Ökumenische Konzentration auf die gemeinsame Gotteslehre eröffnet neue Perspektiven. Verheißungsvoller methodischer und inhaltlicher Aufbruch beim Ökumenischen Rat der Kirchen, in: Evangelische Theologie 61 (2001), S. 250–255; ders.: Die Relevanz des trinitarischen Gottesbegriffs für Ekklesiologie und Mission als Anfrage an die Gotteslehre, in: Kerygma und Dogma 48 (2002), S. 68–78.

sich als der Schöpfer. Als Urbild Gottes besteht im *Sohn* zugleich das Urbild der Schöpfung, in der Gottes Liebe über sich selbst hinausgeht, weshalb durch den Sohn bzw. durch das Wort Gottes alles geschaffen wurde (Joh 1,1 ff.). Von daher ist Gott in seinem Sohn Mensch geworden, weil in Jesus Christus sowohl das Bild Gottes als auch das Bild des Menschen vor Augen steht. In ihm wird nicht nur Gottes Liebe erfahrbar, sondern auch der Mensch, wie er sein soll, nämlich der innergöttlichen Liebe entsprechend. An Jesus lässt sich zugleich ablesen, wie die innergöttliche Selbstmitteilung zur freien und gnädigen Selbstentäußerung Gottes in die Welt wird. Weil der Sohn das Abbild der selbstlosen Liebe des Vaters ist, konnte er in den Tod der Menschen gehen. Der *Heilige Geist*, der innergöttlich die Gemeinschaft der Liebe vollzieht und vollendet, vollzieht auch die Gemeinschaft zwischen Gott und Mensch sowie zwischen den Menschen untereinander, damit die Menschen erneut zur vollendeten Liebesgemeinschaft mit Gott und untereinander finden.[80]

Durch das heilsgeschichtliche Zusammenspiel der trinitarischen Personen *ist die Gemeinschaft der Glaubenden bzw. die Kirche trinitarisch konstituiert*, was neben dem Taufbefehl durchgehend im Neuen Testament zur Geltung kommt (vgl. z.B.

I Kor 12,4–6). Im Heiligen Geist bilden die Glaubenden den Leib Christi, damit sie mit Christus und untereinander in Liebe verbunden sind und diese Liebe an die Welt weitergeben können, um in die Herrlichkeit des Vaters zu gelangen (Eph 4,4–6). Dabei soll die christliche Gemeinschaft der innertrinitarischen Einheit in Vielfalt analog entsprechen (vgl. z.B. Joh 17,21–23): „Wie du, Vater, in mir bist und ich in dir, so sollen auch sie in uns sein, damit die Welt glaube, dass du mich gesandt hast. Und ich habe ihnen die Herrlichkeit gegeben, die du mir gegeben hast, damit sie eins seien, wie wir eins sind, ich in ihnen und du in mir, damit sie vollkommen eins seien". Der Kontext der Bibelstelle macht transparent, dass sich diese analoge innertrinitarische und kirchliche Einheit durch das Wirken des Heiligen Geistes vollzieht – sowohl innerhalb der trinitarischen Gemeinschaft als auch innerhalb der Gemeinschaft der Glaubenden. Deshalb betonen alle kirchlichen Traditionen den Stellenwert dieser johanneischen Aussagen für das Kirchenverständnis. So führt die Taufe auf den Namen des Vaters und des Sohnes und des Heiligen Geistes (Mt 28,18–20) als christliche Initiation die Glaubenden in die vertikale Gemeinschaft mit dem dreieinigen Gott und die von ihm geprägte horizontale Gemeinschaft aller Glaubenden ein. Deshalb muss die Kirche von der Trinität als von einer sie selbst bestimmenden Wirklichkeit reden.[81]

---

80 Vgl. M. Haudel: Gotteslehre, Göttingen (erscheint 2013), und ders.: Der dreieinige Gott als Lebenshorizont, in: Der Predigtpreis – ökumenisch, biblisch, dialogisch. Festschrift 2011, Bonn 2011, S. 53–56; *siehe dazu S. 81, wo dieser Text als Anhang zu finden ist.*

Abb. links: Der russisch-orthodoxe Erzbischof Feofan von Berlin und Deutschland spendet in Dortmund den Segen des dreieinigen Gottes.

81 Vgl. M. Haudel: Die Selbsterschließung des dreieinigen Gottes. Grundlage eines ökumenischen Offenbarungs-, Gottes- und Kirchenverständnisses (= Forschungen zur systematischen und ökumenischen Theologie 110), Göttingen 2006. Hier wird auf biblischer und kirchengeschichtlicher Grundlage die trinitarische Selbsterschließung Gottes und seines Wesens in ihrer Bedeutung für Glauben, Welt und Kirche dargelegt. Deshalb wird auch der Zusammenhang von Trinitätslehre und Kirchenver-

Vor diesem theologischen Hintergrund beschäftigte man sich auf der Regionaltagung in Aachen zum einen mit dem Verhältnis von „Grundkonsens und Konfessionalität", zum anderen fragte man danach, welche Bedeutung dem Bekenntnis zum dreieinigen Gott für die vielfältigen Dimensionen des Glaubenslebens zukommt. Der damalige Geschäftsführer der Bundes-ACK, Abt Dr. Laurentius Klein OSB, fand diesbezüglich auf der Tagung folgende zusammenfassende Formulierung: „Wer an Gott, den Schöpfer, glaubt, hat Verantwortung für seine Schöpfung; wer an Jesus Christus glaubt, hat Verantwortung für das zeitliche und ewige Heil aller Menschen; wer an den Heiligen Geist glaubt, lebt aus der frohen Hoffnung auf das Kommen des Gottesreiches"[82]. Unter dem Thema der Tagung „Ein Bekenntnis – viele Kirchen" kam man zu dem Ergebnis, dass die Trennungen nicht bis in die Glaubenswurzeln gegangen sind und

deshalb die Gemeinsamkeiten größer sind als das Trennende.

Auf dieser Grundlage setzte sich die ACK-NRW mit dem Entstehungs- und Rezeptionsprozess des entsprechenden Dokuments von „Glauben und Kirchenverfassung" auseinander, das auf internationaler und multilateraler Ebene entstanden war: *„Gemeinsam den einen Glauben bekennen"*[83]. Nachdem die Delegierten auf der Mitgliederversammlung 1988 in Essen durch den Hauptverantwortlichen für die Studie, Dr. Hans-Georg Link, in den ersten Entwurf und in die Möglichkeiten der Rückmeldungen an „Glauben und Kirchenverfassung" eingeführt worden waren, fiel den Delegierten wie schon bei der Lima-Erklärung die Aufgabe zu, „je ihre Kirche auf diese Vorlage aufmerksam zu machen"[84]. Darüber hinaus überlegten sie auf der Mitgliederversammlung 1990 in Paderborn, wie man angesichts der Herausforderungen durch die Säkularisierung diese Grundlagen des Glaubens an die Menschen von heute angemessen weitergeben kann. Diesbezüglich wurde dann auf der Mitgliederversammlung 1995 in Münster eine Arbeitshilfe für die Gemeinden zum ökumenischen Gespräch über das Glaubensbekenntnis von 381 vorgelegt, welche die ökumenische Bistumskommission Münster erarbeitet hatte.[85]

ständnis anhand der Kirchengeschichte und aktueller Entwürfe im Blick auf alle großen Konfessionen nachgewiesen, wobei hervortritt, inwiefern Unterschiede im Trinitätsverständnis für Unterschiede im Kirchenverständnis verantwortlich sind und wie sich diese Unterschiede bzw. Einseitigkeiten überwinden lassen. Auf der Basis der gemeinsamen altkirchlichen Grundlagen werden Lösungsansätze für ein ökumenisches Verständnis von Offenbarung, Trinität und Kirche aufgezeigt, ebenso wie die Konsequenzen für Fragen der Kircheneinheit, Mission, Weltverantwortung und des interreligiösen Dialogs. – Zur zentralen Bedeutung des Glaubens an den dreieinigen Gott für das Glaubens-, Welt- und Kirchenverständnis vgl. auch M. Haudel: Glauben an Gott den Vater, den Sohn und den Heiligen Geist. Die Bedeutung des christlichen Glaubens im Kontext von Philosophie, Religion und Konfession, in: Deutsches Pfarrerblatt 108 (2008), S. 250–256.

82 Siehe zu dem Zitat den ausführlichen Bericht über diese Tagung in: Ökumenische Mitteilungen 53+54/1982, S. 35–41, hier S. 37.

83 Gemeinsam den einen Glauben bekennen. Eine ökumenische Auslegung des apostolischen Glaubens, wie er im Glaubensbekenntnis von Nizäa-Konstantinopel (381) bekannt wird. Studiendokument der Kommission für Glauben und Kirchenverfassung, Frankfurt (M.)/Paderborn 1991.

84 Zu dieser Feststellung des damaligen ACK-Vorsitzenden Norbert Beer in seinem Tätigkeitsbericht von 1989 siehe ACK Ökumenische Mitteilungen 71/1989, S. 4.

85 Gemeinsam den einen Glauben bekennen. Eine Arbeits-

Festakt 30 Jahre ACK in Bonn, 2005 (dritter v.r.: der heutige Ratsvorsitzende der Evangelischen Kirche in Deutschland, Präses Nikolaus Schneider, EKiR).

Angesichts der hervorgetretenen Herausforderungen für die Mitgliedskirchen der ACK-NRW, dass sich weiter bestehende *ökumenische Probleme wie das Amts- und Kirchenverständnis* nur durch den Rückgriff auf die gemeinsamen Glaubensgrundlagen lösen lassen und dass der – im wachsenden

hilfe für das ökumenische Gespräch über das Glaubensbekenntnis von 381, hg. v. Bistumskommission für ökumenische Fragen der Diözese Münster, [Münster] 1998.

gesellschaftlichen Pluralismus zunehmenden – *Orientierungslosigkeit* nur mit einer gemeinsamen Vermittlung der Glaubensinhalte zu begegnen ist, hat sich die ACK-NRW der *inhaltlichen* Auseinandersetzung mit diesen Glaubensgrundlagen zugewandt. Auf den beiden Mitgliederversammlungen im Jahr 2005 (Hamminkeln und Bonn) und der Frühjahrstagung 2006 in Schwerte beschäftigte man sich mit der Bedeutung des Bekenntnisses für die gemeinsame missionarische Verantwortung in

Frühjahrstagung der ACK-NRW 2010 in Düsseldorf: Liturg Erzpriester Peter Sonntag (Griechisch-orthodoxe Metropolie).

unserer Gesellschaft. Man beschloss, angesichts der in allen Konfessionen zu beobachtenden Sprachlosigkeit der Christen hinsichtlich ihres eigenen Glaubens eine intensive Erörterung des *gemeinsamen Glaubens aller Christen* zu vollziehen. So soll transparent werden, was der Glaube an Gott den Schöpfer, den Erlöser und den Vollender für die persönliche Glaubensgewissheit sowie für das Verständnis von Kirche und Weltverantwortung bedeutet. Denn nur wer das zu vermitteln weiß, vermag in die Gemeinschaft der Glaubenden einzuladen und Orientierung zu geben.

Um die Auseinandersetzung mit diesen Glaubensgrundlagen allen Mitgliedern und den lokalen ACKs zu ermöglichen, beschloss man, Mitgliederversammlungen zur *Bedeutung der drei Artikel des Glaubensbekenntnisses* durchzuführen. So beschäftigte man sich auf der Herbsttagung 2006 in Oer-

Erkenschwick mit dem Glauben an den Schöpfergott in biblischer, ethischer und ökumenischer Perspektive – also mit dem ersten Glaubensartikel. Auf der Herbsttagung 2007 in Köln fand die Auseinandersetzung mit dem zweiten Glaubensartikel statt: „Christusglaube und Christusverkündigung heute als ökumenische Herausforderung." Im Blick auf den dritten Glaubensartikel kam dann auf der Frühjahrstagung 2009 in Mülheim die Bedeutung des Heiligen Geistes für das ökumenische Verständnis von Kirche und für die vielfältigen Aspekte des Glaubenslebens zur Sprache – und zwar unter der Themenstellung „Wir glauben an den Heiligen Geist … – Gabe der Einheit und der Vielfalt".

Im Rahmen des Dritten Artikels stellte sich auch die Frage nach dem – kirchengeschichtlich bedeutsamen – weltweiten Wachstum der *Pfingstkirchen*, deren rasantes Anwachsen dem Christentum als ohnehin schon größter Weltreligion einen immensen Zuwachs beschert. So setzte sich die ACK-NRW auf ihrer Herbsttagung 2009 in Paderborn mit folgendem Thema auseinander: „Neue Pfingstgemeinden in Deutschland – Eine Herausforderung für die Ökumene." Es wurde deutlich, welche aktuelle Bedeutung dem Dialog mit den Pfingstkirchen zukommt. Den Dritten Artikel nahm auch die Frühjahrstagung 2010 in Düsseldorf noch einmal auf, mit dem Blick auf die darin gegebene *eschatologische Hoffnung*. Das Thema der Tagung lautete: „Wir erwarten die Auferstehung der Toten und das Leben der kommenden Welt …' – Gemeinsam den Osterglauben neu entdecken." Es ging bei der Tagung um das gemeinsame Anliegen der Sprachfähigkeit aller Christen hinsichtlich ihrer Hoffnung über den Tod hinaus.

Auf der Grundlage des gemeinsamen Glaubens an Gott den Schöpfer, den Erlöser und den Vollender sieht die ACK-NRW eine gute Basis, sich mit den *jeweiligen Einheitsverständnissen der verschiedenen Mitgliedskirchen* zu beschäftigen. Nachdem man sich bereits auf der Herbsttagung 2008 in Köln mit dem Ökumene-Verständnis der Altorientalischen Kirchen beschäftigt hatte, stand die Herbsttagung 2010 in Münster unter dem Thema „Reform(-ation) und Ökumene – Zu Stand und Zukunft der Ökumene in Deutschland aus evangelischer Sicht". Eine Auseinandersetzung mit den Einheitsverständnissen anderer kirchlicher Traditionen wird auf weiteren Mitgliederversammlungen folgen. Auf der Frühjahrstagung 2011 in Bethel wurden diese Perspektiven in einem Zwischenschritt noch einmal gebündelt, indem man sich mit dem Kirchenverständnis im ökumenischen Gespräch auseinandersetzte – und zwar auf der Grundlage des geglaubten Wesens der Kirche, wie es im dritten Artikel des Glaubensbekenntnisses von 381 formuliert ist (eine, heilige, katholische bzw. allgemeine und apostolische Kirche).[86]

Die Beschäftigung mit der Bedeutung der gemeinsamen Vergewisserung des Glaubens an den dreieinigen Gott für das Verständnis von Kirche und ökumenischer Einheit wird zeigen können, dass wachsende Übereinstimmungen im Blick auf den gemeinsamen Glauben *verheißungsvolle Perspektiven für die Überwindung der noch anstehenden Probleme* beim Amts- und Kirchenverständnis eröffnen. Denn weil die Gemeinschaft der Glaubenden durch ihr Verhältnis zum dreieinigen Gott konstituiert ist, wirkt sich eine unterschiedliche Beurteilung der in Gott gegebenen Einheit in Vielfalt auf die Formen der in den Kirchen vollzogenen Einheit in Vielfalt aus. Insofern als sich nachweisen lässt, dass unterschiedliche trinitätstheologische Konzeptionen für Unterschiede im Kirchenverständnis verantwortlich sind, scheint in der gemeinsamen Besinnung auf das trinitarische Bekenntnis also durchaus ein Schlüssel zur Überwindung der noch verbliebenen Probleme zu liegen. Weil der dreieinige Gott nämlich sowohl die innerpersonale (einer) als auch die zwischenpersonale (drei) Dimension in sich vereinigt, was es nur in Gott gibt, existiert bis heute die theologische Versuchung, das Wesen Gottes primär auf eine der beiden Dimensionen zu konzentrieren. Dadurch besteht die Gefahr der Vereinnahmung Gottes für eigene kirchliche Strukturen (mehr Betonung der Einheit oder mehr Betonung der Vielfalt). Die genaue Betrachtung dieser

86 Vgl. zu den genannten Frühjahrs- und Herbsttagungen die ACK-Akten der entsprechenden Mitgliederversammlungen (s. Anm. 12).

im Einzelnen sehr komplexen – aber nachweisba-
ren – Zusammenhänge und die Bezugnahme auf
die gemeinsamen Glaubensgrundlagen würden den
Kirchen die Chance der Überwindung grundlegen-
der Unterschiede im Kirchenverständnis bieten,[87]
wobei erste Fortschritte bereits erfolgten[88].

87 Vgl. M. Haudel: Die Selbsterschließung des dreieinigen
Gottes, wo die detaillierte Analyse des Zusammenhangs
von Einseitigkeiten in der Trinitätslehre mit entsprechenden Einseitigkeiten im Kirchenverständnis anhand der
Kirchengeschichte und aktueller Entwürfe im Blick auf
alle großen Konfessionen vorgenommen wird. Zugleich
wird aufgezeigt, wie sich diese Unterschiede bzw. Einseitigkeiten auf der Grundlage des biblischen und altkirchlichen Zeugnisses durch aktuelle Differenzierungen
überwinden lassen. Vgl. ferner ders.: Die Gotteslehre in
fundamentaltheologischer und ökumenischer Perspektive, in: Catholica (M) 61 (2006), S. 245–267, und ders.:
Ökumenische Eschatologie in ekklesiologischer Perspektive, in: Giancarlo Collet/Dorothea Sattler (Hg.): In
Konflikten leben. Mit Zorn und Zärtlichkeit an der Seite
der Armen. Ein Beitrag zur ökumenischen Dekade zur
Überwindung von Gewalt(= Theologie und Praxis 37),
Berlin [u.a.] 2012, S. 185–206. Vgl. auch ders.: Der trinitarische Gottesbegriff und die Zukunft der Konfessionen – Probleme und Chancen, in: Ivana Noble/Ulrike
Link-Wieczorek/Peter De Mey (Hg.): Religiöse Bindungen – neu reflektiert. Reimagining Religious Belonging.
Ökumenische Antworten auf Veränderungen der Religiosität in Europa. Ecumenical Responses to Changing Religiosity in Europe (= Beihefte zur Ökumenischen Rundschau 90), Leipzig 2011, S. 245–264.
88 Auf der Grundlage seiner trinitätstheologischen Überlegungen hat der Verfasser auf der *historischen internationalen Konferenz*, die 2009 anlässlich des *1200-jährigen
Jubiläums der Aachener Synode 809* (Karl der Große:
Filioque) in Aachen stattfand, einen Vorschlag zur *Lösung des Filioque-Problems* vorgetragen, der von den
Ostkirchen als Lösungsmöglichkeit angesehen wurde. Es
geht dabei um die Frage, die Ost- und Westkirchen seit
Jahrhunderten trennt: ob der Heilige Geist vom Vater
oder vom Vater *und Sohn* (lateinisch: *Filioque*) ausgeht.
Mit dieser Frage werden auch Unterschiede im Glaubens-
und Kirchenverständnis verbunden. Vgl. dazu M. Hau-

Welche Bedeutung dem Verhältnis der Glaubenden zum dreieinigen Gott für die Struktur ihrer Gemeinschaft zukommt, bezeugt bereits die
Taufe, in der sich die Eingliederung in diese Gemeinschaft im Namen des Vaters, des Sohnes und
des Heiligen Geistes ereignet. Deshalb liegt im
gemeinsamen Verständnis der Taufe für die ACK-
NRW eine besonders verheißungsvolle ökumenische Perspektive.

2. Die gemeinsame Taufe in den einen Leib Christi

Nach ihrer vielfachen Beschäftigung mit der ökumenischen Bedeutung der Taufe, die sogar zur
Veröffentlichung eines Bandes zu Taufverständnis
und -praxis der Mitgliedskirchen geführt hatte,[89]
widmete sich die ACK-NRW in jüngster Zeit diesem Thema erneut, weil neue ökumenische Fortschritte weitergehende Perspektiven eröffneten.
Die förmliche *gegenseitige Anerkennung der Taufe*
durch viele ACK-Mitgliedskirchen in Deutschland
(Magdeburg 2007) lässt erkennen, dass die Kirchen
die Taufe inzwischen als „grundlegendes Band der

del: Hermeneutische und trinitätstheologische Grundlagen für das gemeinsame Verständnis der trinitarischen
Beziehungen. Ansätze zur Lösung des Filioque-Problems,
in: Michael Böhnke/Assaad Elias Kattan/Bernd Oberdorfer (Hg.): Die Filioque-Kontroverse. Historische,
ökumenische und dogmatische Perspektiven 1200 Jahre nach der Aachener Synode (= Quaestiones disputatae
245), Freiburg (Br.)/Basel/Wien 2011, S. 272–297; vgl.
dazu auch die Grundlagen für den Lösungsansatz und für
dessen praktische Umsetzung in M. Haudel: Die Selbsterschließung des dreieinigen Gottes, S. 522–565. Vgl.
ferner ders.: Trinitätstheologische Perspektiven für das
Filioque-Problem und für ekklesiologische Annäherungen, in: International Journal of Orthodox Theology 2/2
(2011), S. 132–160.
89 Siehe Kap. IV, 1.

Der russisch-orthodoxe
Erzbischof
Longin von Klin
vollzieht in Düsseldorf
die Wasserweihe.

Einheit" und als „Ruf" zur Überwindung der Trennungen[90] ernst nehmen. Das heißt, es ist jetzt an der Zeit, sich Gedanken über weitere Konsequenzen dieser gemeinsamen Eingliederung in den *einen* Leib Christi zu machen, insbesondere im Blick auf die Unterschiede im Kirchenverständnis: „Es sind verschiedene Gaben; aber es ist *ein* Geist. Und es sind verschiedene Ämter; aber es ist *ein* Herr. Und es sind verschiedene Kräfte; aber es ist *ein* Gott, der da wirkt alles in allen. […] Denn wir sind durch *einen* Geist alle zu *einem* Leib getauft" (I Kor 12,4–6.13a). Hier wird erneut deutlich, welche Bedeutung das Verhältnis hat, das zwischen der innergöttlichen Gemeinschaft von Vater, Sohn und Heiligem Geist und der Gott entsprechenden Gemeinschaft in der Kirche besteht.

Das kam auch beim von 2002 bis 2004 geführten Dialog zwischen der „Gemeinschaft Evangelischer Kirchen in Europa" (GEKE)[91] und der „Europäischen Baptistischen Föderation" (EBF) zum Tragen, der Fortschritte hinsichtlich des noch bestehenden Problems mit dem *Verhältnis von Säuglings- und Erwachsenen- bzw. Gläubigentaufe* erzielte. Auf neutestamentlicher Grundlage und unter Beachtung der kontinuierlichen Begleitung der Glaubenden durch den Heiligen Geist konnten „die Taufe nach dem persönlichen Bekenntnis" (Gläubigentaufe) und „das lebenslange Hineinwachsen in Christus" (Säuglingstaufe) dialogisch aufeinander bezogen werden. Taufe wird als Prozess sichtbar, als „Sakrament des Aufbruchs", das die Eingliederung in den Leib Christi als Aufbruchsphase des christlichen

90 Vgl. Lima-Erklärung: Taufe, Nr. 6 (s. Anm. 44).
91 Es handelt sich um den Zusammenschluss der reformatorischen Kirchen Europas (Leuenberger Kirchengemeinschaft).

Im Mittelalter setzten sich Taufbecken aus Stein durch. Sie ermöglichten bei Kindertaufen weiterhin das völlige Untertauchen (lateinisch „immersio"). Thomas von Aquin († 1274) bezeichnete dies als die gewöhnliche und lobenswertere Form.
In katholischen und evangelischen Kirchen Westfalens haben sich bis heute rund 75 Taufsteine aus dem 12. und 13. Jahrhundert erhalten. Einige dieser Taufsteine sind reich gestaltet, wie der Taufstein in der Georgskirche zu Dortmund-Aplerbeck von etwa 1190. Unter anderem ist die Taufe Jesu zu sehen – stehend in einem romanischen Taufstein. Das in der Osternacht geweihte Wasser verblieb für ein Jahr im Becken, das mit einem Deckel verschlossen war.
(Quelle: Dr. Ulrich Althöfer/EKvW)

Erwachsenen- bzw. Gläubigentaufe in einem Fluss.

Lebensweges kennzeichnet. Entsprechend gebe es auch in den jeweiligen Gemeinden sowohl das Verständnis von Taufe als geistgewirkter Antwort des Menschen als auch deren Verständnis als sichtbares Wort Gottes und Antwort des Menschen. So kam man zu dem übereinstimmenden Ergebnis, dass die Taufe in dem vom Heiligen Geist begleiteten Prozess durchaus ein Moment ausmachen könne, das den persönlichen Glauben nach sich ziehe. In diesem Sinne sei eine Anerkennung der Säuglingstaufe durch Täuferkirchen denkbar.[92]

92 Vgl. W. Hüffmeier/T. Peck (Hg.): Dialog zwischen der Europäischen Baptistischen Föderation (EBF) und der Gemeinschaft Evangelischer Kirchen in Europa (GEKE) zur Lehre und Praxis der Taufe (= Leuenberger Texte 9), Frankfurt (M.) 2005, S. 30–51 (Schlussbericht).

Vor dem Hintergrund der gezeigten Fortschritte beschäftigte sich die ACK-NRW 2007 auf ihrer Mitgliederversammlung in Münster mit dem Selbstverständnis der Täuferkirchen, mit deren Taufverständnis aus Sicht anderer Konfessionen sowie mit den Ergebnissen des gerade angeführten Dialogs. In ihnen sah man durchaus eine verheißungsvolle Perspektive für die Annäherung im Taufverständnis zwischen den Täuferkirchen und den übrigen Mitgliedskirchen, so dass die Bedeutung der ACK-NRW für die Vermittlung überregionaler ökumenischer Fortschritte an ihre eigenen Mitgliedskirchen bzw. an die Basis erneut hervortrat.

Im Frühjahr 2009 kam es auf der Grundlage des aufgezeigten europäischen Dialogs über das Verhältnis von Säuglings- und Gläubigentaufe zu einem *ersten konkreten und historischen Erfolg*, der mit dem Konvergenzdokument der Evangelisch-Lutherischen Kirche in Bayern (ELKB) und des Landesverbands Bayern im Bund Evangelisch-Freikirchlicher Gemeinden in Deutschland (BEFG) erzielt wurde: „Voneinander lernen – miteinander glauben. ‚Ein Herr, ein Glaube, eine Taufe' (Eph 4,5)."[93] Die erstmals seit der Reformationszeit erzielte Konvergenz erscheint umso bedeutender, als die Einsetzung der Arbeitsgruppe „im Benehmen mit der VELKD, der EKD und dem Präsidium der BEFG"[94] erfolgte. Der Hermeneutik bzw. Methode der Leuenberger Konkordie entsprechend wurde „in allen wesentlichen Fragen eine grundlegende Übereinstimmung in der Auslegung des Evangeliums" festgestellt, welche einen „Grundkonsens in der evangeliumsgemäßen Gestaltung von Taufe und Abendmahl" ermöglichte und zur Empfehlung der „Aufnahme von Kanzel- und Abendmahlsgemeinschaft"[95] führte. Inhaltlich war es zu einer Annäherung im umstrittenen Verhältnis von Säuglings- und Gläubigentaufe gekommen, weil man Übereinstimmungen im Verhältnis von Rechtfertigung und Heiligung sowie von Wesen und Sendung der Kirche erzielte und Taufe als Teil eines Prozesses im Glaubensleben verstand – in Anlehnung an den Dialog von GEKE und EBF. Übereinstimmend wird betont, dass die Taufe – wie die Kirche – in der Heilsgeschichte des dreieinigen Gottes verankert ist. Als Gemeinschaft der an Christus Glaubenden gilt die Kirche als der im Heiligen Geist verbundene eine Leib Christi, in den die Glau-

benden durch die Taufe eingegliedert sind. Weil alle „durch den einen Geist zu einem Leib getauft" (I Kor 12,13) sind, wird eine erneute verpflichtende „Glaubenstaufe" zur Erlangung der Mitgliedschaft in den Täuferkirchen als „obsolet" betrachtet.[96] Denn da die Taufe nach Röm 6 einen Ritus des Herrschaftswechsels darstellt, ist sie einmalig und nicht steigerbar und darf deshalb nicht zum Ritus eines Konfessionswechsels werden.[97] Man bezog sich auf die auch im multilateralen ökumenischen Dialog[98] herausgestellte Einsicht, dass die Taufe als Initiationsritus *Teil des Prozesses* des „Christwerdens" ist, der sich sowohl zwischen Taufe und Konfirmation als auch zwischen Bekehrung und Taufe vollziehen kann und sich in der Zusammengehörigkeit von Glaube und Taufe auf den lebenslangen Prozess der Nachfolge bezieht. Sowohl die lutherische Betonung der zuvorkommenden Gnade und des Hineinwachsens in die Gemeinde (Säuglingstaufe) als auch die baptistische Betonung der Aneignung der im Glauben wirksamen Zusage (Gläubigentaufe) werden als evangeliumsgemäß betrachtet. Entsprechend empfiehlt die baptistische Delegation ihren Gemeinden, die Gemeindemitgliedschaft Getaufter nicht zwingend an die Glaubenstaufe zu binden. Die lutherische Delegation wiederum empfiehlt ihren Gemeinden eine an den christlichen Glauben heranführende Arbeit mit Kindern und Jugendlichen.[99]

---

93 Siehe zum Text des Dokuments: Voneinander lernen – miteinander glauben. „Ein Herr, ein Glaube, eine Taufe" (Eph 4,5). Konvergenzdokument der Bayerischen Lutherisch-Baptistischen Arbeitsgruppe (BALUBAG), in: Ökumenische Rundschau 59 (2010), S. 93–119.

94 Ebd., S. 93.

95 Ebd., S. 93 f.

96 Vgl. ebd., S. 110. Vgl. insgesamt ebd., S. 97 ff.

97 Vgl. ebd., S. 106, 112.

98 Während bereits die Lima-Erklärung „auf ein lebenslängliches Hineinwachsen in Christus" (Lima-Erklärung: Taufe, Nr. 9 – s. Anm. 44) verwies, hat „Glauben und Kirchenverfassung" den Prozessgedanken im Kontext der Taufe inzwischen auf mehreren Konsultationen zu dieser Thematik weiter erörtert.

99 Vgl. Voneinander lernen – miteinander glauben, S. 105–112.

Studientagung der ACK-NRW zur ökumenischen Bedeutung der Taufe in Haus Villigst (Schwerte) im März 2008.
Auf dem Podium v.l.n.r.:
Dr. Michael Kappes (Bistum Münster, Vorsitzender der ACK-NRW), Prof. Dr. Matthias Haudel (EKvW, Referent), Landeskirchenrätin Dr. Johanna Will-Armstrong (EKvW, stellvertretende Vorsitzende der ACK-NRW).

Die mit diesen Empfehlungen und Einsichten verbundene Hoffnung auf wachsende Kirchengemeinschaft und auf das Erreichen der Kanzel- und Abendmahlsgemeinschaft bestätigt die zunehmende ekklesiologische Bedeutung von Annäherungen im Taufverständnis. Auf der Mitgliederversammlung der ACK-NRW im Frühjahr 2008 in Villigst (Schwerte) wurde aus Sicht der jeweiligen konfessionellen Strömungen über *„Die Konsequenzen aus der gemeinsamen Taufe für das Verständnis von Kirche und für das ökumenische Bemühen um die sichtbare Einheit der Kirchen"* nachgedacht. Man kam zu der Erkenntnis, dass weitere ökumenische Konsequenzen aus der durch die Taufe geschenkten Einheit davon abhängen, ob die jeweiligen Kirchen und Gemeinschaften bereit sind, sich gemeinsam an ihrem in Schrift und altkirchlichem Bekenntnis bezeugten Glaubens*grund* zu orientieren. Denn alle Kirchen gründen sich auf die Taufe im Namen des Vaters und des Sohnes und des Heiligen Geistes. Die Glaubenden werden durch die Taufe sowohl in die Gemeinschaft von Vater, Sohn und Heiligem Geist als auch in die Gemeinschaft aller Glaubenden aufgenommen. Diese ist durch die Beziehungen der Glaubenden zu Vater, Sohn und Heiligem Geist geprägt, so dass sich die im dreieinigen Gott bestehende Einheit in Vielfalt auch in der Gemeinschaft der Glaubenden widerspiegelt. Nur im

Rückgriff auf diesen gemeinsamen Glaubensgrund lässt sich die in der Taufe begründete trinitarische Einheit in Vielfalt für die Annäherung in der Glaubens*struktur* fruchtbar machen[100] – zumal die Berufung auf den gemeinsamen Glaubensgrund und dessen Unterscheidung von den jeweiligen Glaubensstrukturen durchaus in allen konfessionellen Strömungen angelegt ist: Für die reformatorischen Kirchen ist die Überprüfung kirchlicher Strukturen an Schrift und Bekenntnis grundlegend, die katholische Kirche kennt ebenfalls eine „Hierarchie der Wahrheiten" (Vatikanum II) und die orthodoxen Kirchen verstehen sich als Hüter der altkirchlichen Grundlagen.[101] Die ACK-NRW hat sich als Forum erwiesen, das ihren Mitgliedskirchen die darin liegende *Chance* vor Augen zu halten vermag.

100 Zu den möglichen Annäherungen im Verständnis der trinitarischen Einheit in Vielfalt und dem daraus folgenden Verständnis kirchlicher Einheit in Vielfalt vgl. M. Haudel: Die Selbsterschließung des dreieinigen Gottes, und ders.: Artikel „Trinität V. Ökumenisch", in: Lexikon für Theologie und Kirche (LThK)³ X (2001), Sp. 251–253.
101 Vgl. insgesamt zur ökumenischen Bedeutung der Taufe und zur detaillierten Analyse der aktuellen ökumenischen Entwicklungen (auch zum Verhältnis von Säuglings- und Gläubigentaufe) M. Haudel: Die Taufe als ökumenischer Hoffnungsträger, S. 37–59; ders.: Die fortschreitende ökumenische Bedeutung der Taufe aus evangelischer Perspektive, S. 118–130.

3. Ausblick: Glaubensgemeinschaft in einer pluralistischen Gesellschaft – Perspektiven für die jüngere ökumenische Generation

Durch ihre multikonfessionelle vertrauensbildende Gemeinschaft sowie ihr Zusammenwirken in ökumenischem Dialog, Gottesdienst, Zeugnis und Weltverantwortung konnte die ACK-NRW für ihre Mitgliedskirchen und die Gemeinden vor Ort neue Horizonte eröffnen und eine Atmosphäre ökumenischer Selbstverständlichkeit schaffen. Das war und ist nur möglich durch das gegenseitige Kennenlernen in allen Bereichen des christlichen Lebens. Dadurch wird zugleich ein besseres Verständnis der eigenen Glaubenstradition gefördert und so der Blick für die *grundlegenden* Gemeinsamkeiten eröffnet, die stärker sind als das Trennende. Eine ökumenische Plattform wie die ACK-NRW, die solche Möglichkeiten bietet, wird für die Zukunft umso wichtiger, als die zunehmende kulturelle, religiöse und weltanschauliche Pluralisierung eine solche Orientierung verstärkt erfordert. Gerade der multikonfessionelle Dialog ermöglicht diesbezüglich eine hohe Integrationsfähigkeit, was die Verständigung der ACK-NRW mit den in Nordrhein-Westfalen ansässigen *Migrationskirchen* im Jahr 2007 belegt.[102] Die Wahrnehmung der mit dem Pluralismus verbundenen Aspekte ist besonders für den Kontakt mit den *Jugendlichen* von Bedeutung – der nächsten ökumenischen Generation. Gerade die mit dem allgemeinen Phänomen der „Wiederkehr der Religion" verbundenen Fragen scheinen für sie das Interesse an einer gemeinsamen christlichen Glaubensvergewisserung wecken zu können. Ferner liegen ihre ökumenischen Initiativen vielfach im Bereich gemeinsamer Weltverantwortung.

Um den bisherigen verheißungsvollen Weg weitergehen zu können und für die Anforderungen der Zukunft gerüstet zu sein, beschloss die ACK-NRW 2006 auf ihrer Frühjahrstagung (Schwerte), der Empfehlung der „Charta Oecumenica" entsprechend die ACK-NRW mehr für die Jugend zu öffnen. Im Rahmen der nächsten beiden Mitgliederversammlungen fanden Treffen mit Vertretern kirchlicher Jugendverbände statt und es wurde Folgendes verabredet: Zur gegenseitigen Wahrnehmung soll eine ACK-Tagung mit einem besonderen Projekt Jugendlicher auf lokaler Ebene verbunden werden, auf der ACK-Homepage soll eine Vernetzung zu den Jugendverbänden und ihren Aktivitäten erfolgen (Jugendforum). Auf Anregung des Verfassers werden seit einiger Zeit auch an der Ökumene interessierte *Theologie-Studierende* zu den Mitgliederversammlungen eingeladen. Ferner fand eine Verabredung über die Beteiligung Jugendlicher der Mitgliedskirchen an ökumenischen Aktivitäten auf *Kirchentagen* statt – wie etwa beim Ökumenischen Kirchentag in München (2010). Auf dem Ökumenischen Kirchentag war die ACK-NRW – wie auf vielen anderen Kirchentagen – mit einem eigenen Stand vertreten, der viel Beachtung fand, da sich hier lokale nordrhein-westfälische Arbeitsgemeinschaften mit ihren Aktivitäten vorstellten. Darüber hinaus gab es ein Ökumene-Café und ein Ökumene-Quiz.

Durch solche öffentlichkeitsrelevanten Aktivitäten kann die ACK-NRW durchaus ökumenisches Interesse wecken. Doch noch nachhaltiger wirkt sie durch ihre – auf allen Ebenen erfolgende – ver-

---

102 Auf der Mitgliederversammlung 2007 in Münster wurde mit Vertretern der Migrationskirchen vereinbart, dass diese zukünftig als Gäste zu den Mitgliederversammlungen eingeladen werden.

Prof. Dr. Matthias Haudel am Stand der ACK-NRW beim Deutschen Evangelischen Kirchentag in Dresden 2011.

trauensbildende Arbeit in der Vielfalt der Konfessionen. Das gilt besonders für die regelmäßige Arbeit der lokalen ACKs, die bei den Ökumenischen Gebetswochen für die Einheit der Christen oder beim Weltgebetstag der Frauen Jahr für Jahr die Gemeinschaft der Christen und damit ihren Dienst an der Welt stärken. Mögen die Mitgliedskirchen der ACK-NRW dieses segensreiche Zusammenwirken weiterhin schätzen und den begonnenen verheißungsvollen Weg auch in Zukunft beharrlich fortsetzen. Auf diese Weise werden sie den gemeinsamen Dialog *aller* Konfessionen weiter unterstützen und damit auch Fortschritte für die bilateralen Dialoge zwischen jeweils zwei Konfessionsfamilien

befördern. Denn das vertrauensbildende Zusammenwirken aller Konfessionen einer Region in theologischem Dialog, Gottesdienst, gemeinsamem Leben und Zeugnis sowie gemeinsamer Weltverantwortung eröffnet im Zusammenspiel mit den überregionalen ökumenischen Entwicklungen eine *Ökumene mit Zukunft*. So können die Kirchen – nicht nur in Nordrhein-Westfalen – zunehmend dem Willen Gottes entsprechen, den Jesus Christus in einem seiner letzten Gebete allen Christen als Zuspruch, Anspruch und Verheißung mit auf den Weg gab, als er den Vater bat, dass „sie alle eins seien", wie er und der Vater (durch den Heiligen Geist), „damit die Welt glaube" (Joh 17,21).

Ökumenische Vesper zur Eröffnung der Gebetswoche für die Einheit der Christen im Paderborner Dom.

V.l.n.r.: Dr. Michael Kappes (Bistum Münster, ACK-NRW-Vorsitzender), Landeskirchenrätin Dr. Johanna Will-Armstrong (EKvW, ehemalige ACK-NRW-Vorsitzende), Bischof Anba Damian (Generalbischof der koptisch-orthodoxen Kirche in Deutschland), Bischof Nicholas Baines (Anglikanische Kirche, Diözese Croyden), Landesbischof Prof. Dr. Friedrich Weber (Braunschweig, Vorsitzender der ACK-Deutschland), Erzbischof Hans-Josef Becker (Erzbistum Paderborn), Bischof Hanna Aydin (Syrisch-orthodoxe Kirche für Deutschland), Präses Dr. h.c. Alfred Buß (Evangelische Kirche von Westfalen), Landessuperintendent Dr. Martin Dutzmann (Lippische Landeskirche), Pfarrer Gunnar Grahl (evangelisch) und Pfarrer Gerhard Spruck (katholisch, beide ACK-Paderborn).

Mitglieder und Gastmitglieder der ACK-NRW

Mitglieder

1. Römisch-Katholische Kirche, Erzbistum Köln
2. Römisch-Katholische Kirche, Erzbistum Paderborn
3. Römisch-Katholische Kirche, Bistum Aachen
4. Römisch-Katholische Kirche, Bistum Essen
5. Römisch-Katholische Kirche, Bistum Münster
6. Evangelische Kirche von Westfalen
7. Evangelische Kirche im Rheinland
8. Lippische Landeskirche
9. Griechisch-Orthodoxe Kirche
10. Serbisch-Orthodoxe Kirche
11. Russisch-Orthodoxe Kirche, Patriarchat Moskau
12. Russisch-Orthodoxe Kirche im Ausland
13. Orthodoxes Erzbistum für Westeuropa unter der Jurisdiktion des Ökumenischen Patriarchats
14. Ukrainische Orthodoxe Kirche
15. Griechisch-Orthodoxe Kirche von Antiochien (Rum-Orthodoxie)
16. Syrisch-Orthodoxe Kirche, Patriarchat Antiochien
17. Syrisch-Orthodoxe Kirche (Indien)
18. Äthiopisch-Orthodoxe Kirche in Deutschland
19. Armenisch-Apostolische Kirche
20. Anglikanische Kirche
21. Alt-Katholische Kirche
22. Lettische Evangelisch-Lutherische Kirche in der Bundesrepublik Deutschland
23. Evangelisch-methodistische Kirche
24. Herrnhuter Brüdergemeine
25. Selbständige Evangelisch-Lutherische Kirche
26. Bund Evangelisch-Freikirchlicher Gemeinden (Baptisten)
27. Vereinigung der Deutschen Mennonitengemeinden
28. Die Heilsarmee

Mit Gaststatus

29. Bund Freier evangelischer Gemeinden
30. Gemeindeverbund Mühlheim – Christliche Gemeinschaft
31. Religiöse Gesellschaft der Freunde – Quäker
32. Freikirche der Siebenten-Tag-Adventisten in Nordrhein-Westfalen
33. Bund Freikirchlicher Pfingstgemeinden – Region Nordrhein-Westfalen
34. Apostolische Gemeinschaft e.V.

Besuch der ACK-NRW bei der russisch-orthodoxen Gemeinde in Dortmund.

Anhang
Der dreieinige Gott als Lebenshorizont

Abdruck aus:

Matthias Haudel: Der dreieinige Gott als Lebenshorizont, in: Der Predigtpreis – ökumenisch, biblisch, dialogisch. Festschrift 2011, Verlag für die Deutsche Wirtschaft AG, Bonn 2011, S. 53–56 (– gleichzeitig: Der Gastkommentar im Oktober-Newsletter 2011 auf der Homepage von „Der Predigtpreis").

Aus dem Vorwort der Festschrift

Seit Mai dieses Jahres können Sie den *Predigtpreis-News*letter lesen. Namhafte Theologen und Theologinnen geben Antwort zu Fragen unserer Zeit. Wir haben für Sie die beiden Beiträge von Walter Kardinal Kasper „Jeder Christ muss predigen" und von Professor Matthias Haudel „Der dreieinige Gott als Lebenshorizont" ausgewählt.

Viel Freude bei der Lektüre wünscht Ihnen Ihr Udo Hahn

> *Vorsitzender der Jury und des Kuratoriums*
> *Direktor der Evangelischen Akademie Tutzing*

Der dreieinige Gott als Lebenshorizont

Christliche Predigt ist ständig um die Verkündigung des lebendigen Gottes und seines Heilswillens für die Menschen bemüht. Neben den unzähligen Einzelaspekten, die diese Aufgabe berührt, bleibt es Aufgabe der Predigt, den christlichen Gottesbegriff als Ganzen in seiner existentiellen Bedeutung anschaulich werden zu lassen – und das nicht nur am Sonntag Trinitatis. Denn der Lebenshorizont des Menschen und der damit verbundene Sinn seines Lebens erschließen sich erst im Blick auf das Wesen des dreieinigen Gottes.

Die Frage nach dem Sinn des Lebens ist so alt wie die Menschheit. Doch ist diese Frage überhaupt zu beantworten? Wer über sein Leben nachdenkt, über den letzten Sinn, über eine letzte Geborgenheit, der kommt zumeist sehr bald zu der Einsicht, dass wir Menschen über uns hinausgewiesen sind. Wir haben weder unsere Herkunft selbst in der Hand noch unsere Zukunft über den Tod hinaus. Ebenso wenig können wir den Verlauf unseres eigenen Lebens übersehen, und erst recht nicht den Weg anderer Menschen oder der gesamten Menschheit.

Als ansprechbare Personen, die auf Gemeinschaft und Liebe angewiesen sind, spüren wir, dass wir für den letzten Sinn unseres Lebens, nach dem sich unser Herz sehnt, eines Gegenübers bedürfen, das uns Antwort auf alle diese Unsicherheiten und Fragen geben kann. Die Bibel hält uns vor Augen, dass es ein solches Gegenüber gibt, das diese Eigenschaften besitzt, denn sie bezeichnet uns als Ebenbild Gottes (1. Mose 1,27).

Was damit gemeint ist, erschließt sich vollends erst im Laufe der Heilsgeschichte Gottes mit den Menschen, welche die biblischen Schriften bezeugen. Mit den alt- und neutestamentlichen Büchern existiert ein einmaliges Zeugnis in der Menschheitsgeschichte, das mit der mündlichen Tradition einen Zeitraum von Jahrtausenden umspannt, in dem sich Gott zu unterschiedlichsten Zeiten verschiedensten Menschen erfahrbar macht – und dennoch erweist es sich als die eine Selbsterschließung Gottes.

Deshalb sind wir im Blick auf das Wesen Gottes nicht auf Spekulationen angewiesen, sondern er selbst begegnet uns als Vater, Sohn und Heiliger Geist – bis heute. Mit der Antwort auf das Geheimnis Gottes erfahren wir auch das Geheimnis unseres Menschseins, und zwar in mehrfacher Hinsicht. Zunächst offenbart sich uns Gott als personales Gegenüber, das uns anredet und ansprechbar ist, womit er unseren Wesenseigenschaften entspricht. So wie jeder Mensch ein personales Geheimnis verkörpert, das sich durch die Sprache anderer erschließen oder verschließen kann, ist auch Gott als personales Geheimnis nur zu erkennen, wenn er sich uns mit seinem Wort zuwendet. Dass Sprachlichkeit auch zum innersten Wesen Gottes gehört, wird offenbar, wenn Gottes Sohn als das Wort Gottes bezeichnet wird: „Das Wort ward Fleisch" (Joh. 1,14).

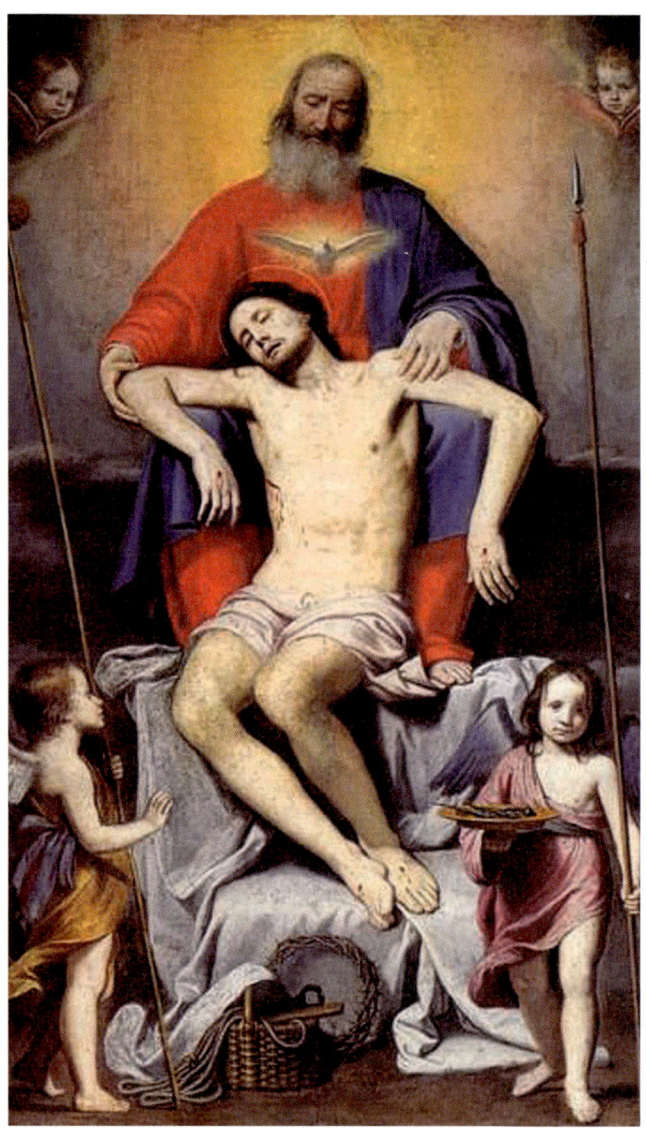

Die Göttliche Dreieinigkeit, Altargemälde in der Klosterkirche der Abtei Vallombrosa bei Florenz von Lorenzo Lippi (1606–1665, Florenz).

Insgesamt lässt das biblische Zeugnis erkennen, dass sich Gott der Vater in seinem Wort selbst ausspricht und sich so in seinem Sohn als Ebenbild gegenübertritt. Dabei haucht der Vater den Heiligen Geist, der sowohl dem Vater die Liebe zum Sohn erschließt als auch dem Sohn die hingebende Liebe zum Vater. Beide wiederum bleiben nicht in egoistischer Liebe aufeinander bezogen, sondern beziehen ihre Liebe auch auf den Dritten, den Heiligen Geist. Weil Gott so der ewige Prozess gegenseitiger vollkommener Liebe ist, bezeugt die Bibel: „Gott ist die Liebe" (1. Joh. 4,8).

Uns Menschen hat Gott geschaffen, um uns an dieser Liebe Anteil zu geben. Hier eröffnet sich die Antwort auf die Frage nach dem Sinn des Lebens, denn in der Liebe teilen Gott und Mensch dasselbe Geheimnis. Die scheinbar schwer nachvollziehbare Dreieinigkeit Gottes ermöglicht die Einsicht in die Wesensmerkmale menschlichen Lebens: Gott verkörpert nach biblischem Zeugnis sowohl das innerpersonale Wesen einer Person als auch die zwischenpersonale Gemeinschaft dreier Personen (Vater, Sohn und Heiliger Geist). Diese Gleichzeitigkeit von inner- und zwischenpersonaler Dimension kennen wir in unserer Welt nicht, sie trifft nur auf Gott zu, der die vollkommene Gemeinschaft die Liebe in sich selbst *ist*. Doch wir Menschen erweisen uns als sein Ebenbild, weil wir beide Dimensionen *haben*: Wir sind innerpersonal eine Person und haben in der Gemeinschaft mit Gott oder den Mitmenschen auch die zwischenpersonale Dimension. So darf auch unser Leben von Liebe geprägt sein.

Erst die Einsicht in die Dreieinigkeit Gottes ermöglichte ein Verhältnis zwischen Gott und Mensch, das wirklich von Freiheit und Liebe geprägt ist. Denn zur Gemeinschaft in Liebe gehört Freiheit, weshalb Paulus betont: „wo aber der Geist des Herrn ist, da ist Freiheit" (2. Kor. 3,17). Weil Gott in seinem Sohn sogar Mensch werden oder in seinem Geist in uns sein kann, aber trotzdem als Vater unser Gegenüber bleibt, ermöglicht er ein freies Verhältnis von Gegenüber und Nähe. Dadurch wird die Gottheit Gottes ebenso bewahrt wie die Menschlichkeit des Menschen, was beiden eine freie Gemeinschaft der Liebe gewährt.

Wie groß die Liebe Gottes zu den Menschen ist, wird daran ersichtlich, dass Gott die Menschen nicht nur geschaffen hat, um ihnen an seiner Liebe Anteil zu geben, sondern sich in seinem Sohn sogar für sie hingab, als sie sich in Selbstbehauptung von ihm abwandten. Diese Liebe lässt er uns Menschen bis heute im Heiligen Geist spüren, um seine Heilsgeschichte mit uns zum Ziel zu führen. Bei alledem entspricht Gott seinem inneren Wesen: Wie der Vater innertrinitarisch die ewige Quelle ist, wirkt er nach außen als Schöpfer; wie der Sohn in Gott die hingebende Liebe und das Bild des Vaters ist, verkörpert er die Hingabe Gottes und seine endgültige Offenbarung in der Welt; und wie der Heilige Geist innergöttlich die Gemeinschaft der Liebe vollzieht, ermöglicht er sie in der Welt zwischen Gott und Mensch sowie zwischen den Menschen untereinander. Damit erfährt das Geheimnis des menschlichen Lebens nicht nur seine tiefste Bestimmung, sondern auch sein Ziel: die ewige Gemeinschaft der Liebe.

Das ist der Lebenshorizont, den der Glaube an den dreieinigen Gott eröffnet und der sich in den verschiedensten Dimensionen unterschiedlichster Predigten widerspiegelt. Dabei erweist es sich aber

Metropolit Kyrill, der heutige Patriarch der russisch-orthodoxen Kirche, beim Gottesdienst in der russisch-orthodoxen Gemeinde in Düsseldorf: Er segnet im Namen des dreieinigen Gottes, der sich in Jesus Christus selbst für das Heil der Menschen hingegeben hat (Kreuz).

durchaus als hilfreich, wenn dieser Horizont auch in Predigten hin und wieder in seiner Ganzheit anschaulich wird.[103]

104 Zum Wesen und zur Bedeutung des dreieinigen Gottes vgl. besonders M. Haudel: Die Selbsterschließung des dreieinigen Gottes. Grundlage eines ökumenischen Offenbarungs-, Gottes- und Kirchenverständnisses (= Forschungen zur systematischen und ökumenischen Theologie 110), Göttingen 2006; und ders.: Glauben an Gott den Vater, den Sohn und den Heiligen Geist. Die Bedeutung des christlichen Glaubens im Kontext von Philosophie, Religion und Konfession, in: Deutsches Pfarrerblatt 108 (2008), S. 250–256.

Literaturverzeichnis

Quellen

ACK Ökumenische Mitteilungen. Informationsdienst der Arbeitsgemeinschaft Christlicher Kirchen in Nordrhein-Westfalen, 1970–1998. – Die Hefte finden sich u.a. in der Bibliothek des Landeskirchenamtes der Evangelischen Kirche von Westfalen (Signatur: ZT 121) sowie im Landeskirchlichen Archiv der Evangelischen Kirche von Westfalen (Wz 85; s. auch Anm. 7). – *[Die in den Fußnoten genannten Artikel aus den „ACK Ökumenischen Mitteilungen" sind nicht noch einmal als Einzelartikel unter der Sekundärliteratur aufgeführt.]*

Akten aus der Entstehungszeit der ACK-NRW (1965–1974): im Landeskirchlichen Archiv der Evangelischen Kirche von Westfalen, Bielefeld (Bestand 0.0 neu C 02-20/05; s. auch Anm. 12).

Akten der Regionaltagungen, der Mitgliederversammlungen und des Geschäftsführenden Ausschusses von der Gründung der ACK-NRW (1972) bis heute: im Johann-Adam-Möhler-Institut in Paderborn (s. auch Anm. 12).

Sekundärliteratur

Abendmahlsgemeinschaft ist möglich. Thesen zur Eucharistischen Gastfreundschaft der Ökumenischen Institute Straßburg, Tübingen und Bensheim, Frankfurt (M.) 2003.

Beer, Norbert (Hg.): Christliche Kirchen feiern das Abendmahl. Eine vergleichende Darstellung, Kevelaer/Bielefeld 1993.

Charta Oecumenica. Leitlinien für die wachsende Zusammenarbeit unter den Kirchen in Europa. Rat der Europäischen Bischofskonferenzen (CCEE), Konferenz Europäischer Kirchen (KEK), St. Gallen/Genf 2001.

Degenhardt, Hans Joachim/Tenhumberg, Heinrich/Thimme, Hans: Kirchen auf gemeinsamem Wege, Bielefeld/Kevelaer 1977.

Ekklesiologische und ökumenische Implikationen einer gemeinsamen Taufe. Eine Studie der Gemeinsamen Arbeitsgruppe, in: Gemeinsame Arbeitsgruppe der Römisch-katholischen Kirche und des Ökumenischen Rates der Kirchen. Achter Bericht 1999–2005, Genf/Rom 2005, S. 53–84.

Enzyklika Ecclesia de Eucharistia, von Papst Johannes Paul II. an die Bischöfe, an die Priester und Diakone, an die geweihten Personen und an alle Christgläubigen über die Eucharistie in ihrer Beziehung zur Kirche (= Verlautbarungen des Apostolischen Stuhls 159), Bonn 2003.

Erklärung Dominus Iesus. Über die Einzigkeit und die Heilsuniversalität Jesu Christi und der Kirche (Verlautbarung der Kongregation für die Glaubenslehre), Vatikanstadt (Rom) 2000.

Geldbach, Erich: Taufe (= Ökumenische Studienhefte 5: Bensheimer Hefte 79), Göttingen 1996.

Gemeinsam den einen Glauben bekennen. Eine Arbeitshilfe für das ökumenische Gespräch über das Glaubensbekenntnis von 381, hg. v. Bistumskommission für ökumenische Fragen der Diözese Münster, [Münster] 1998.

Gemeinsam den einen Glauben bekennen. Eine ökumenische Auslegung des apostolischen Glaubens, wie er im Glaubensbekenntnis von Nizäa-Konstantinopel (381) bekannt wird. Studiendokument der Kommission für Glauben und Kirchenverfassung, Frankfurt (M.)/Paderborn 1991.

Gemeinsame Erklärung zur Rechtfertigungslehre. Gemeinsame offizielle Feststellung. Anhang (Annex) zur Gemeinsamen offiziellen Feststellung, hg. v. Lutherischem Weltbund u. Päpstlichem Rat zur Förderung der Einheit der Christen, Frankfurt (M.)/Paderborn 1999.

Gemeinsame römisch-katholische/evangelisch-lutherische Kommission. Das Herrenmahl, Paderborn/Frankfurt (M.) 1978.

Haudel, Matthias: Artikel „Trinität V. Ökumenisch", in: Lexikon für Theologie und Kirche (LThK)[3] X (2001), Sp. 251–253.

Ders. (Hg.): Begleitmappe zum Soester Umgang für „Frieden, Gerechtigkeit und Bewahrung der Schöpfung" und zur weiteren Vorbereitung der Ökumenischen Versammlung Westfalen am 29. Oktober 1988 in der Dortmunder Westfalenhalle, Soest 1988.

Ders.: Die Bibel und die Einheit der Kirchen. Eine Untersuchung der Studien von „Glauben und Kirchenverfassung" (= Kirche und Konfession 34), Göttingen [2]1995.

Ders.: Der dreieinige Gott als Lebenshorizont, in: Der Predigtpreis – ökumenisch, biblisch, dialogisch. Festschrift 2011, Bonn 2011, S. 53–56.

Ders.: Die Einheit der Kirchen als Koinonia (Gemeinschaft)? Chancen und Probleme des jüngsten ökumenischen Einheitskonzepts, in: Ökumenische Rundschau 55 (2006), S. 482–501.

Ders.: Das evangelische Buß-, Beicht- und Versöhnungsverständnis in ökumenischer Perspektive, in: Kerygma und Dogma 56 (2010), S. 299–322.

Ders.: Die fortschreitende ökumenische Bedeutung der Taufe aus evangelischer Perspektive, in: Zeitschrift für Theologie und Gemeinde 15 (2010), S. 118–130.

Ders.: Glauben an Gott den Vater, den Sohn und den Heiligen Geist. Die Bedeutung des christlichen Glaubens im Kontext von Philosophie, Religion und Konfession, in: Deutsches Pfarrerblatt 108 (2008), S. 250–256.

Ders.: Gotteslehre, Göttingen (erscheint 2013).

Ders.: Die Gotteslehre in fundamentaltheologischer und ökumenischer Perspektive, in: Catholica (M) 61 (2006), S. 245–267.

Ders.: Hermeneutische und trinitätstheologische Grundlagen für das gemeinsame Verständnis der trinitarischen Beziehungen. Ansätze zur Lösung des Filioque-Problems, in: Michael Böhnke/Assaad Elias Kattan/Bernd Oberdorfer (Hg.): Die Filioque-Kontroverse. Historische, ökumenische und dogmatische Perspektiven 1200 Jahre nach der Aachener Synode (= Quaestiones disputatae 245), Freiburg (Br.)/Basel/Wien 2011, S. 272–297.

Ders.: Das Jahrhundert der Ökumene – der Einfluß der ökumenischen Bewegung auf die Geschichte des Kirchenkreises Soest im 20. Jahrhundert. Gewidmet Propst Johannes Claes zum 30jährigen Jubiläum des „Rates Christlicher Gemeinden in Soest", in: Soester Zeitschrift 112 (2000), S. 109–117.

Ders.: Kirchliche Gemeinschaft und kirchliches Zeugnis im Licht der Trinität. Weitreichende Besinnung auf theologische Wurzeln, in: Theologische Zeitschrift 57 (2001), S. 455–462.

Ders.: Ökumenische Eschatologie in ekklesiologischer Perspektive, in: Giancarlo Collet / Dorothea Sattler (Hg.): In Konflikten leben. Mit Zorn und Zärtlichkeit an der Seite der Armen. Ein Beitrag zur ökumenischen Dekade zur Überwindung von Gewalt(= Theologie und Praxis 37), Berlin [u.a.] 2012, S. 185–206.

Ders.: Ökumenische Konzentration auf die gemeinsame Gotteslehre eröffnet neue Perspektiven. Verheißungsvoller methodischer und inhaltlicher Aufbruch beim Ökumenischen Rat der Kirchen, in: Evangelische Theologie 61 (2001), S. 250–255.

Ders.: Die Relevanz des trinitarischen Gottesbegriffs für Ekklesiologie und Mission als Anfrage an die Gotteslehre, in: Kerygma und Dogma 48 (2002), S. 68–78.

Ders.: Schrift, Tradition und Kirche. Ein unnötiger Stolperstein der Ökumene, in: Catholica (M) 50 (1996), S. 23–33.

Ders.: Die Selbsterschließung des dreieinigen Gottes. Grundlage eines ökumenischen Offenbarungs-, Gottes- und Kirchenverständnisses (= Forschungen zur systematischen und ökumenischen Theologie 110), Göttingen 2006.

Ders.: Die Taufe als ökumenischer Hoffnungsträger. Ein wachsender Konsens: seine Grundlagen und Perspektiven, in: Ökumenische Rundschau 59 (2010), S. 37–59.

Ders.: Der trinitarische Gottesbegriff und die Zukunft der Konfessionen – Probleme und Chancen, in: Ivana Noble/Ulrike Link-Wieczorek/Peter De Mey (Hg.): Religiöse Bindungen – neu reflektiert. Reimagining Religious Belonging. Ökumenische Antworten auf Veränderungen der Religiosität in Europa. Ecumenical Responses to Changing Religiosity in Europe (= Beihefte zur Ökumenischen Rundschau 90), Leipzig 2011, S. 245–264.

Ders.: Trinitätstheologische Perspektiven für das Filioque-Problem und für ekklesiologische Annäherungen, in: International Journal of Orthodox Theology 2/2 (2011), S. 132–160.

Ders.: Umkehr ökumenisch feiern. Theologische Grundlagen und Praxismodelle, Frankfurt (M.)/Paderborn 2011 (mit A. Kattan, D. Sattler u.a.).

Ders.: Vergessene Kriterien. Hermeneutische Kriterien für die Weiterentwicklung des Koinonia-Konzepts, in: Ökumenische Rundschau 43 (1994), S. 292–304.

Ders.: Das Verhältnis von Gesetz und Evangelium als innerprotestantische und interkonfessionelle Herausforderung, in: Kerygma und Dogma 53 (2007), S. 230–249.

Ders.: Von der gemeinsamen Hoffnung Zeugnis geben. Lebendige Ökumene in Nordrhein-Westfalen, hg. für die Arbeitsgemeinschaft Christlicher Kirchen in Nordrhein-Westfalen von Michael Kappes, Kevelaer/Bielefeld 2010.

Ders.: Wachsende Gemeinschaft im Glauben und in der Weltverantwortung. Die Arbeitsgemeinschaft Christlicher Kirchen in Nordrhein-Westfalen, in: Michael Kappes (Hg.): Von der gemeinsamen Hoffnung Zeugnis geben. Lebendige Ökumene in Nordrhein-Westfalen, Kevelaer/Bielefeld 2010, S. 33–59.

Ders.: Wir wollen bei dem Evangelium leben und sterben. Geschichte der Kirchenkreise Soest und Arnsberg. Von den Anfängen christlicher Gemeindegründungen bis heute. Mit einem ökumenischen Teil von Matthias Haudel, Bielefeld 2011 (mit K. Schikora).

Hüffmeier, Wilhelm/Peck, Tony (Hg.): Dialog zwischen der Europäischen Baptistischen Föderation (EBF) und der Gemeinschaft Evangelischer Kirchen in Europa (GEKE) zur Lehre und Praxis der Taufe (= Leuenberger Texte 9), Frankfurt (M.) 2005.

Kappes, Michael/Spiecker, Eberhard (Hg.): Christliche Kirchen feiern die Taufe. Eine vergleichende Darstellung, Kevelaer/Bielefeld 2003.

Kirche und Welt. Die Einheit der Kirche und die Erneuerung der menschlichen Gemeinschaft. Studiendokument der Kommission für Glauben und Kirchenverfassung, Frankfurt (M.) 1991.

Kongregation für die Glaubenslehre: Erklärung Dominus Iesus über die Einzigkeit und die Heilsuniversalität Jesu Christi und der Kirche. Antworten auf Fragen zu einigen Aspekten bezüglich der Lehre über die Kirche. 2000/2007 (= Verlautbarungen des Apostolischen Stuhls 148), Bonn 2008.

Lessing, Eckhard: Abendmahl (= Ökumenische Studienhefte 1: Bensheimer Hefte 72), Göttingen 1993.

Link, Hans-Georg (Hg.): Schritte zur sichtbaren Einheit. Lima 1982. Sitzung der Kommission für Glauben und Kirchenverfassung. Berichte, Reden, Dokumente (= Beiheft zur Ökumenischen Rundschau 45), Frankfurt (M.) 1983.

Lüpsen, Focko (Hg.): Neu Delhi Dokumente. Berichte und Reden auf der Weltkirchenkonferenz in Neu Delhi 1961, Witten ²1962.

Meyer, Harding: Ökumenische Zielvorstellungen (= Ökumenische Studienhefte 4: Bensheimer Hefte 78), Göttingen 1996.

Müller-Fahrenholz, Geiko (Hg.): Bangalore 1978. Sitzung der Kommission für Glauben und Kirchenverfassung. Berichte, Reden, Dokumente (= Beiheft zur Ökumenischen Rundschau 35), Frankfurt (M.) 1979.

Müller-Römheld, Walter (Hg.): Im Zeichen des Heiligen Geistes. Bericht aus Canberra 1991. Offizieller Bericht der Siebten Vollversammlung des Ökumenischen Rates der Kirchen. 7. bis 20. Februar 1991 in Canberra/Australien, Frankfurt (M.) 1991.

Das ordinierte Amt in ökumenischer Perspektive. Dokument der Kommission für Glauben und Kirchenverfassung, in: Ökumenische Rundschau 22 (1973), S. 231–256.

Sattler, Dorothea/Wenz, Gunther (Hg.): Das kirchliche Amt in apostolischer Nachfolge, III: Verständigungen und Differenzen. Mit Beiträgen v. Christine Axt-Piscalar [u.a.], hg. für den Ökumenischen Arbeitskreis evangelischer und katholischer Theologen (= Dialog der Kirchen 14,III), Freiburg (Br.)/Göttingen 2008.

Taufe, Eucharistie und Amt. Konvergenzerklärungen der Kommission für Glauben und Kirchenverfassung des Ökumenischen Rates der Kirchen, Frankfurt (M.)/Paderborn ⁹1984.

Visser't Hooft, Willem A.: Ursprung und Entstehung des Ökumenischen Rates der Kirchen (= Beiheft zur Ökumenischen Rundschau 44), Frankfurt (M.) 1983.

Voneinander lernen – miteinander glauben. „Ein Herr, ein Glaube, eine Taufe" (Eph 4,5). Konvergenzdokument der Bayerischen Lutherisch-Baptistischen Arbeitsgruppe (BALUBAG), in: Ökumenische Rundschau 59 (2010), S. 93–119.